降格ローテ

激走の9割は"順当"である

とうけいば
tokeiba

oo-parts publishing

はじめに
競馬とい
生き抜く

　競馬予想をする際、その情報量の多さに悩まされることは誰しも経験があるでしょう。新聞やネットの予想文を見ると「○○産駒は東京に強い！」とか、「外厩を使った××厩舎は勝負気配」とか、「前走は前が詰まって追い出せなかったので、今回は期待！」などなど。これだけみると血統の勉強はもちろん、厩舎の情報や、はたまたレース映像まで見なければならないのではないかと錯覚してしまいます。

　たしかに、競馬で勝ち続ける上で情報の多さが一つの武器であることは言うまでもありませ

う情報過多社会を
ために

ん。血統が詳しければ当日の血統傾向にいち早く気付けますし、レース映像をしっかりと見ていれば、その馬の適性や狙いどころが分かるようになるでしょう。

しかし、これは情報を正しく分析できていることが前提になります。しっかりと検証もせずに間違った解釈のまま予想すれば、集めた情報も宝の持ち腐れ。馬券は外れてしまいますし、さらに情報の収集に使った時間も無駄なだけです。

そしてなにより、普段は会社勤めで仕事をしているサラリーマンにとって、大量の情報を処理することは現実的ではありません。私のように競馬予想を本業としているのならともかく、限られた時間の中で競馬の情報を正しく収集し、正しく予想に落とし込むのは至難の業です。そして短期的な的中により"あたかも"正しいと判断したことは、ほとんどの場合が自分の都合のいいように解釈するようになります。

これは認知バイアスのひとつです。

認知バイアスとは「自分の思い込みや周囲の環境といった要因により、非合理的な判断をしてしまう心理現象」です。競馬予想で言えば、パッと目にした

それっぽい情報をもとに、来るかもしれない！と自分の都合のいいように予想することも認知バイアスが働いています。

例えば今走でブリンカーを初めて着用する馬に対し「ブリンカー着用で激走が期待できる」と予想したとします。ところが別のレースにおいて初ブリンカーの馬がいた際に「この馬はブリンカーを着用しても激走しないだろう」と予想したとします。この時、ブリンカーの着用で激走するか、しないかの判断に明確な基準がある人なら問題はありません。しかし、大半の方は"なんとなく"激走に期待したり、"なんとなく"激走に期待しなかったりと、明確な判断基準もなく予想していることでしょう。このようにその時々で予想基準を変えていては、長期的に競馬で勝ち続けるのはより一層難しくなります。競馬は

たくさんの情報があるが故、集めた情報を正しく処理できていない人が、認知バイアスにより都合のいいように予想して負けるのが現状です。

ではなぜ、人々は認知バイアスに支配されて負けてしまうのでしょうか。それは、競馬で儲かるパターンを知らないからです。もっといえば「馬券になる馬とはなんなのか」という問いに、確固たる答えを持ち合わせていないからです。競馬で毎年プラスの人は確固たる予想の軸を持っています。その軸に従っ

て予想しているから、長期でみればしっかりとプラス収支に落ち着くのです。

　そこで本書では予想の際の確固たる軸をつくるために、データの紹介ではなく「なぜそうなるのか？」という根本的な思考の解説を重視しました。本質さえわかれば応用も可能なので、使い方次第ではあなたの競馬人生において一生ものの予想法を得ることができます。

　また、本書を執筆するにあたり私は以下の点を意識しました。

①予想に時間がかからない
　（早い！）
②出馬表さえあれば
　予想できる（安い！）
③近年プラス収支の
　データがある（美味い！）

まるでどこかの牛丼チェーンの標語のようですが、時間のない日本人にとって、競馬予想においてもこれが真理です。そしてその予想法こそが今回紹介する「降格ローテ」になります。

降格ローテとは「馬券になる馬は過去に能力を示している」という基本原理のもと、レースレベルの差に着目して妙味のある馬を狙い打つ予想法のことです。レースレベルという言葉だけ聞くと少し難しく聞こえるかもしれませんが、見るべき項目は一般的な出馬表に載っている項目だけです。さらに前走とのレースレベルの差にしか着目しないため、非常に短時間で予想ができます。そして本書を読み終えたあなたは、競馬という情報社会…いや、競馬という情報"過多"社会において、確固たる予想の軸を身につけていることでしょう。

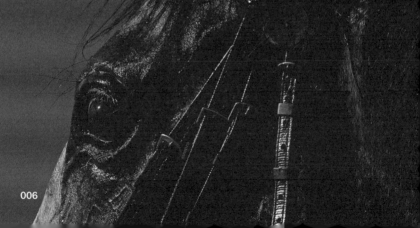

※本書で紹介するデータは特に断りのない限り単勝40倍以下の馬のみ集計し、期間は2016年7月26日〜2021年7月26日までの近5年間です。また、CHAPTER2の降格ローテで使用しているデータは、芝のレースのデータは前走も芝レースの馬のみ、ダートのデータでは前走もダートに出走した馬のみを集計しています。

CONTENTS

降格ローテQ&A

Column

写真／村田利之、橋本健　　馬柱提供／競馬ブック

降格ロゥテ
激走の**9**割は
"順当"である

競馬予想の
基本思考

馬券になる馬とは

認知バイアスによる予想のブレ

　競馬予想をする際の基本的な目的は、3着以内に入る馬を探すこと。すなわち馬券になる馬を探すことです。いうまでもなく馬券になる馬を見つけられなければ、単勝だろうが複勝だろうが馬券を的中させることができません。

　では、馬券になる馬とはいったいどのような馬なのでしょうか？　ほとんどの方は当たり前すぎて考えたこともないかもしれませんが、この問いに確固たる答えを持っていなければその先の予想もブレブレになってしまいます。

　例えばトウケイナットーという馬がいたとします。近走は12着、15着、13着と、現級で通用する能力を示しているようには見えません。しかし、いつも折り合いを欠く走りをすることから、今回は初めてブリンカーを付けるようです。陣営も「ブリンカー着用で集中できれば」と、ブリンカーによる効果を期待しています。

　さらにもう一頭。同じレースにトウケイネバネバという馬も初ブリンカーで出走しています。こちらも近走は成績的に優れていませんが、初ブリンカーの効果に期待しての出走でしょう。前走も力を出し切っていない走りだったことから、連闘策で勝負に挑んできました。

　さて皆様はこの2頭の取捨についてどのように考えますか？　選択肢はおおまかに以下の4つになります。

①2頭とも初ブリンカーで激走に期待できるので買い！
②トウケイナットーは陣営の期待もあるので激走に期待！　ネバネバは消し！

③トウケイネバネバの初ブリンカー×連闘は良さそう！ ナットーは消し！

④2頭とも激走は期待できないので消し。

　いかがでしょうか。結論から申し上げれば、どれを選んでも正解です。ただし大事なことは、初ブリンカーの取捨に確固たるルールを持っている場合に限ります。

　例えば②や③の場合、一方は買いで一方は消しです。②は陣営の言葉を信じて激走に期待しているようですが、「陣営が馬具に期待している馬は回収率が良い」というデータを持っていれば問題ないでしょう。同様に③の場合は「初ブリンカー×連闘の馬は回収率が良い」と言えるのであれば正解となります。しかしながら競馬で負けている大半の方は、上記のようにしっかりとしたルールのもとで予想しているのではなく、"なんとなく"初ブリンカーによる激走に期待したはずです。

　人間の脳はサボり癖があるため、自分の都合のいいように考えがちです。これを心理学の用語で"認知バイアス"といいます。先ほどの例でいえば、初ブリンカー馬の取捨に関するデータを持ち合わせていないのに、"なんとなく"激走に期待しています。こういう方の特徴として、ある時は「トウケイナットーは初ブリンカーの激走に期待！」と言い、またある時は「トウケイネバネバは初ブリンカーの激走に期待！」と、その時々で判断がブレています。予想の方向性すらしっかりとしていないのですから、長期的に競馬で勝ち続けるのは難しいことでしょう。

ここまでのまとめ

競馬で負け続けている人は認知バイアスにより予想がブレている

認知バイアスが競馬を難しくする

認知バイアスとは「自分の思い込みや周囲の環境といった要因により、非合理的な判断をしてしまう心理現象」のことであり、その性質上多くのパターンが存在します。

先ほどのブリンカーの例でいえば「ブリンカー効果で激走した！」と、なんらかの形で思い込むことにより、次にブリンカー着用で好走した馬を見ると「やっぱりな」と納得してしまいます。そして、ブリンカーによって走っていない馬も多くいるにも関わらず、そういった馬には注目せず都合のいい馬ばかりが目に入るのです。

これを認知バイアスの中でも確証バイアスといいます。

しかし、前走でブリンカーを着用していない馬が、今走でブリンカーを着用した場合の成績を調べてみると、特に成績は向上していないことがわかります。

前走ブリンカーを着用していない馬の次走成績			
今回、ブリンカー着用		**今回、ブリンカーなし**	
勝率 **9.0%** 複勝率 **26.3%**		勝率 **11.3%** 複勝率 **32.3%**	
単勝回収率 **85.2%** 複勝回収率 **77.8%**		単勝回収率 **80.3%** 複勝回収率 **80.1%**	

このように認知バイアスは事実とは異なることも、あたかもそれが真実であるかのように思い込むことになります。これは競馬予想では致命的であり、しっかりと真実を見抜く力が必要です。

認知バイアスの中には以下のようなものがあります。

無理矢理、ブリンカーに「買う理由」を求めていませんか?

確証バイアス

自分にとって都合のいい情報ばかりを無意識的に集め、反証する情報を無視したり集めようとしなかったりする傾向のこと。先ほどのブリンカーの例もコレにあてはまる。単勝を買うと2着ばかりになる、俺がルメールを買うと来なくなる、重馬場の時は大型馬が強い、など。特に競馬では1度の的中によりそれが真実であるかのように錯覚して、その後負けてしまう人が多い。

少数の法則

少ないサンプルによって得られた統計的な結果でも、無意識のうちに結果を正しいと思い込んでしまうこと。競馬で言えば、血統のデータなどで起こりやすい。ハービンジャー産駒は重馬場が得意!など。

バンドワゴン効果

「人が持っているから自分も欲しい」など、他人の行動や意見につられてしまう傾向のこと。競馬でいえば、自分に自信のない人ほどSNSの予想や流行りに影響されてしまう傾向にある（それが真実であるかどうかは検証もせずに）。

クラスター錯覚

サンプル数の少ない場合のランダム分布において必然的に生じるストリーク（線や筋）やクラスター（群れや塊）を、ランダムなものではないと誤判断すること。競馬においては、連敗が続いた時に自分の予想のせいか、それともブレなのかが判断できなくなること。たとえプラスが期待される馬券術でも連敗は起こりえるため、一時の連敗によりフェードアウトしてしまう可能性がある。

　このように競馬…というか、ギャンブルは認知バイアスとの戦いといっても過言ではないことがわかります。スロットのジャグラーでgogoランプをこすっている人や、スクラッチを5円玉で削ると当たるといった“オカルト”も認知バイアスによるものです。いうまでもなく根拠のない行動は負けへの第一歩であることから、まずはこのようなバイアスがあることを意識して除いていくことが大切になります。

ここまでのまとめ

競馬は認知バイアスに支配されている。
バイアスを除き、真実を知ることが大事

馬券になる馬を定義する

そこで私はまず、なぜ人々は認知バイアスによって都合のいいように予想してしまうか考えました。競馬予想家の予想文をみていても、その時々で言っていることがブレていることが多々あります。言い換えれば、その時々で都合のいい部分（データ）を抜き出し、予想文を書いている方を見かけるのです。

そこで私は負けている予想家さんの予想文やコラムを読み、負けている人の思考を理解することに努めました。そしてたどり着いた結論が「馬券になる馬」をしっかりと定義していないということです。この最も基本的な考えがしっかりしていないから、その時々で激走に期待してしまうブレた予想になるのでしょう。

認知バイアスによって都合のいい解釈をしてしまう要因の一つに、自分の軸をしっかりと持っていないことが挙げられます。競馬でいえば、予想の軸を持っていないということです。事実や根拠をもとにしっかりと判断することができれば、間違った判断をするリスクを減らせます。

そこで私は馬券になる馬を一つのパターンのみ考えることで、予想の確固たる軸を作りました。その馬券になる馬とは「過去に能力を示している馬」です。予想がブレブレな人ほど根拠のない理由で"激走"に期待している傾向にあることに気づきました。

前出の初ブリンカーの例でいえば、戦績的に能力が足りないとわかっているにも関わらず、初ブリンカーで激走するかもしれないと予想しています。予想時に不確定な"かも"があればあるほど、その時々で予想がブレる要因になるのはいうまでもありません。

もちろん、競馬は人ではなく馬が走るために不確定な要素があるのも事実です。例えば「距離短縮」や「芝→ダート替わり」、「競馬場替わり」などで激走したと思われる馬をみたことがあるでしょう。しかしこれらは、条件替わりによるレースレベルの差から、すでに

能力を示している馬が“あたかも”激走したかのように見えている
だけです。皆様が思っている以上に激走によって好走した馬は少な
く、ほとんどの場合が過去に能力を示している馬が順当に好走した
だけなのです。

ここまでのまとめ

馬券になる馬は「過去に能力を示している」馬である（激走には期待しない!）

期待値を追う

能力ある馬＝買う馬ではない

　では能力のある馬をそのまま買えばいいかというと、競馬はそん
な単純な話ではありません。論より証拠、というわけでまずは前走
の着順別の成績を見てみましょう（下表）。仮に「過去に能力を示し
ている馬」だけを買えば儲かるのであれば、前走着順が良い馬を買
った方がいいという結論になります。

前走着順別の回収率								
着順	単勝回収率	複勝回収率	着順	単勝回収率	複勝回収率	着順	単勝回収率	複勝回収率
1着	71.8%	76.8%	7着	83.6%	79.2%	13着	87.6%	81.3%
2着	74.8%	79.4%	8着	81.1%	82.8%	14着	85.0%	85.1%
3着	76.4%	77.4%	9着	92.9%	83.0%	15着	75.1%	75.1%
4着	84.2%	78.5%	10着	85.4%	85.0%	16着	85.6%	79.5%
5着	77.5%	78.4%	11着	83.7%	86.1%	17着	65.8%	78.4%
6着	86.1%	82.4%	12着	68.3%	83.1%	18着	127.4%	82.1%

　前提として、単勝40倍以下の馬の単勝回収率は約80%です。JRAでは馬券の売り上げの20%を控除率として差し引いて配分しているため、何も考えずに予想していれば80%に落ち着くでしょう。しかしながら結果は見ての通り、むしろ前走の着順がいい馬のほうが平均回収率の80%をきる結果となっています。

　特に前走が1〜3着になった馬の回収率が悪く、逆に10着前後の馬の回収率が高くなっています。馬券になる馬は過去に能力を示した馬にも関わらず、前走の着順がいい馬を買うと儲からない。一見すると矛盾のようにも感じますが、これは日本の競馬がパリミュチュエル方式のギャンブルであるからです。

　パリミュチュエル方式と聞くと難しく感じますが、簡単にいえば買われた金額により変動するオッズを採用しているギャンブルということです。日本の競馬は特定の馬券が売れれば売れるほどオッズは下がり、払い戻しの金額は少なくなります。先ほどの例でいえば、前走着順が1〜3着であるような誰が見ても明らかに能力のある馬の馬券は過剰に売れてしまい、オッズが低下してしまうので儲からないのです。

ここまでのまとめ

前走着順がいい、明らかに能力を示した馬は儲からない

ハズれた人のお金を奪い合うゲーム

　前項で、明らかに能力を示した馬は過剰人気してしまうため儲からないと説明しました。また、それは日本の競馬がパリミュチュエル方式のギャンブルであることが要因であるとお話しました。一見すると当たり前のように聞こえますが、競馬予想をする際に重要な思考ですので、パリミュチュエル方式についてもう少し詳しくお話しします。

　パリミュチュエル方式を簡単に説明すると、馬券購入者が賭け

たお金を JRA が集め、的中者に分配する方式のことです。もし仮に馬券購入者が全員的中した場合、戻ってくるお金はプラスになりません。オッズでいえば1.0倍ということになります。つまり競馬とはハズれる人がいなければ儲けることはできないゲームなのです。パリミュチュエル方式のギャンブルの敵は馬でも JRA でもなく、人です。競馬は他人のお金を奪い合うゲームといえるでしょう。

　では、競馬の仕組みをもう少しわかりやすく考えるために、とあるゲームをしてみます。

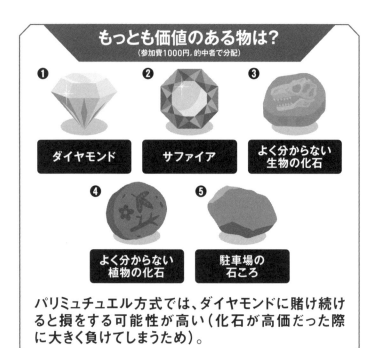

もっとも価値のある物は？
（参加費1000円。的中者で分配）

❶ ダイヤモンド
❷ サファイア
❸ よく分からない生物の化石
❹ よく分からない植物の化石
❺ 駐車場の石ころ

パリミュチュエル方式では、ダイヤモンドに賭け続けると損をする可能性が高い（化石が高価だった際に大きく負けてしまうため）。

　さてこのゲーム、いたってシンプルなゲームです。参加費は1,000円。最も価値のある物を選べた人が参加費を分配してもらう

ことができます。つまり競馬と同じくパリミュチュエル方式を採用したゲームです。

この場合、ほとんどの人が①ダイヤモンドを選ぶでしょう。もしかすると③、④の化石はとんでもない高価な化石かもしれませんが、石に詳しくなければ選ぶことは難しいはず。例えば10人の参加者の内、9人がダイヤモンドを選んだらオッズは1.1倍になります。

実際には主催者が一部お金をとることから、1.0倍になる可能性もあるでしょう。

このようにパリミュチュエル方式のギャンブルでは、ただ単にダイヤモンドを選んでいては儲かりません。ほとんどの人が選んでいるから分配金も少なくなるため、長期的にこのゲームをやれば、化石が高価だった際に損するお金のほうが大きくなります。大事なことはしっかりと石の価値を見極め、高価な化石を見つけた際にbetすることです。

これは競馬も同じです。

ダイヤモンドとは簡単に言えば人気馬のことです。例えば、1番人気のディープ産駒、前走も上がり最速で追い込み2着となれば勝ちそうな気がします。騎乗はルメール騎手。誰が見ても勝ちそうだからこそ、それだけでは儲からないのです。

大事なのは一般の方と同じ思考をしていては儲けることはできないということ。いわゆる、逆張りの精神です。そして「多分、価値があると思う！」といった激走に期待するのではなく、「これは〇〇なので価値がある！」と、しっかりとした根拠をもって予想することが大事です。そして競馬予想における根拠の1つが、本書で取り上げる降格ローテになります。

ここまでのまとめ

競馬はハズれた人のお金を奪い合うゲーム。一般の方と同じ思考をしては勝てない。

Column 01

少頭数競馬に妙味なし

先ほど例にあげた「最も価値のあるものを選ぶゲーム」ですが、以下のような選択肢の場合も考えてみましょう。

最も価値のある物を選んでください。

❶ ダイヤモンド
❷ サファイア
❸ ハートの形に カットされたルビー
❹ よくわからない 生物の化石
❺ よくわからない 植物の化石
❻ 月の土地 （30坪）
❼ 純金
❽ 駐車場の 石ころ

さて、選択肢が増えましたね。前回は化石の知識さえあれば正解にたどり着けそうですが、今回は月の土地や金の値段などの知識も必要です。このように選択肢が増えれば増えるほど正解するのは難しくなりますが、その分ハズれる人が多くなります。パリミュチュエル方式のギャンブルはハズれた人のお金を奪い合うゲームであるため、自分の知識に自信があるのであれば、ハズれる人が多いほうが的中時の配当も大きくなり妙味も取りやすくなります。これは競馬においても同様であり、自分が他人よりも競馬予想で上手い自信があるのであれば、多頭数のほうが妙味は大きくなります。そのため、私は少頭数競馬ではリスクとベネフィットを考え、8頭以下の少頭数競馬では無条件に勝負を見送るマイルールを設定しています。

降格ローテとは

能力＋妙味＝降格ローテ

　ここまでをまとめると、狙うべき馬は過去に能力を示している馬であり、一般の方にはバレていない妙味のある馬ということです。もっと具体的に言えば、前走着順が悪いにも関わらず、過去に能力を示していれば狙うべき馬となります。

　とはいえ、そんな馬を簡単に見つけられれば苦労はしません。言うは易く行うは難しと言いますが、能力のある馬は基本的に人気になっているのが現状です。そこで、だれでも簡単に見つけられる方法はないか？と考え抜いた予想法が本書で紹介する「降格ローテ」となります。

　降格ローテとは前走Hレベル（ハイレベル）戦に出走した馬が、次走で低レベル戦に出走してくるローテーションのことです。ねらい目としてはHレベル戦で6着以下に敗れた馬を、低レベル戦で狙うこと。着順こそ悪いもののHレベルなレースでの敗戦のため、実は能力を持っていることになります。それが次走でさらに低レベルなメンバーのレースに出走してくるわけですから、能力は十分通用する可能性が高くなるのです。

　ここで注意しなければいけないのは、Hレベル戦で馬券になった好走馬はねらい目にはならないということ。そういった明らかに能力を示した馬は、1-2でお話したように人気になりやすい馬です。すなわち妙味のない馬となります。出馬表を見た際に前走の着順が6着以下と、一見すると能力を示していないように見えるからこそ、降格ローテは妙味のある馬も拾えることになります。

　このような同級レースにおけるレベル差は何も競馬に限ったことではありません。日本のプロ野球でもセ・リーグ、パ・リーグと2つに分かれて試合をしていますが、日本シリーズの結果を見てもパ・

リーグの球団が強いと言える結果になっています。また、お笑い芸人の猫ひろしはカンボジア国籍を取得し、2016年リオデジャネイロオリンピックのカンボジア代表としてフルマラソンに出場しています。日本では全く歯が立たなかった猫ひろしがカンボジアの代表選考会で1位になれたのは、選手のレベルに差があったからと言えるでしょう。

　このように、競馬においてもレースごとのレベル差は間違いなく存在しています。では、なぜ競馬においてレースレベルに着目した競馬本がなかなか出版されてこなかったかというと、単純に判断が難しいからです。馬の数は多いし、出走頭数も、レース数も多い。天候によって馬場は変わるし、人のようにレース後も馬は言葉を発しません。しかし、競馬のレースレベル判定が難しいということは、それだけ妙味のある馬を見つけるチャンスであるということです。そして何より本書で紹介する降格ローテは、前走の出馬表だけしか見ないで判断ができるため、非常に簡単にレースレベルを判別することが可能な予想法なのです。

ここまでのまとめ

・降格ローテはHレベル戦→低レベル戦のローテ
・競馬もレースごとにレベル差があり、
**　Hレベル戦敗戦馬(6着以下)に妙味あり**

レースレベルに差がある要因

　レースレベルの差を利用した予想法が降格ローテということがわかりました。では、そもそもなぜレースごとにレベル差があるのでしょうか。

　その答えはレースの条件にあります。競馬のレースといっても、人間の陸上競技のようにいつも同じような環境で行われるわけでは

ありません。代表的なものでいえば競馬場の違い。東京競馬場と中山競馬場では競馬場の形が全然違いますし、東京と阪神であれば出走している馬の所属（美浦、栗東）の割合も異なります。このようなレースごとにおける条件の違いは、思いつくだけでも以下のようなものがあります。

▶競馬場の違い
▶芝、ダートの違い
▶距離の違い
▶牝馬限定戦、牡馬との混合戦の違い
▶開催季節の違い（気温の違い）
▶3歳限定戦、3歳以上戦の違い
▶別定戦、ハンデ戦の違い

　このように、一つ一つのレースには競馬場はもちろん、芝、ダート、はたまた性別や馬齢などの条件が事細かに決められています。そして降格ローテはここに述べた条件替わりにおけるレースレベルの差を、すべて説明できる予想法です。本書では条件別に7種類の降格ローテを紹介します。そしてこれらの降格ローテはすべて前走と今走の相対的なレベル差しか確認しないことから、非常に簡潔に予想が可能です（言い換えれば、2走以上前のレースに関しては無視しています）。

　そしてすでにお気づきの方もいるかと思いますが、降格ローテを学ぶことで、ほとんどすべての条件替わりについて学ぶことが可能になります。すなわち、降格ローテを学ぶことで競馬に関する総合的な知識を得ることができるのです。

　本書では、特に降格ローテの背景にあるデータの紹介に注力しました。中には初めて聞く内容や、少しややこしいと感じる部分もあるかもしれません。しかし、それは知らない知識を目の当たりにし

ている証拠ですから、一生懸命勉強すれば必ずあなたの糧になります。理解できるまで繰り返し、繰り返し読んでください。そして降格ローテを学び終えたあなたは、出馬表の見方が変わっていることに気づくでしょう。これまでたくさんの情報に振り回されていたのが嘘みたいに、必要な情報を正しく処理できるようになります。

　それでは早速、降格ローテとは何なのか？　その扉を開けていきましょう。

Column 02

レースレベル判定に
走破タイムは使わない？

レースレベルと聞くと真っ先に思いつくのが走破タイム。同じ距離であれば走破タイムが速いほどHレベルであり、遅いほど低レベルである可能性が高くなります。しかし、降格ローテでは走破タイムはレースレベル判定には使用しません。その理由としては

平均的な走破タイムを覚えていないと判別が難しいこと
馬場、ラップにより変動しやすいこと
バレやすいこと

が挙げられます。

特に重要なのがHレベルであることがバレやすいということ。例えばレコードタイムで走ったレースは、出馬表などで太字や赤字で記載されていることが多く、そのレースを経由した馬は過剰に人気してしまいます。また、AI競馬が発展した現代において、明らかに数字として示されてしまう強さは妙味が少なくなっているのが現状です。そもそも、走破タイムは馬場やラップによって変動しやすい指標であり、考えたところで妙味もとりにくいことから、個人的には出馬表に記載する必要もないと考えています。

レコードタイムを出した馬は過剰人
気になりやすく馬券妙味はない。

降格ロッテ

CHAPTER **2**

7つの
降格ローテ

栗東馬の割合による降格ローテ

降格ローテ❶

(上位ランク競馬場 ▶ 下位ランク競馬場)　対象コース　ダート

　最初の降格ローテは競馬場の違いに着目したものです。JRAが主催する中央競馬において、競馬場は全部で10場あります。それぞれの競馬場で芝、ダートのコースがあり、事前に決められた開催日程に応じてレースが行われています。

　競馬場の違いによる降格ローテとは、前走と異なる競馬場を走ることを意味しています。例えば前走が阪神競馬場、今走が東京競馬場のような場合です。ここでは前走→今走のローテーションを→で示しています。先ほどの例をもとにすると、阪神→東京と表記できます。ここで降格ローテの定義をおさらいすると、Hレベル戦→低レベル戦のローテーションのことでした。つまり、阪神→東京といった競馬場の違いで降格ローテが使えるということは、レースが開催される競馬場ごとにレベル差があるということと同義になります。

　一見すると、開催される競馬場ごとにレベル差があるというのはわかりにくいかもしれません。そこで、まずは競馬場ごとにレベル差が生まれている要因を解説します。

ここまでのまとめ

競馬場ごとにレベル差がある

栗東トレセンの坂路の完成が西高東低をもたらしたと言われている。

トレーニングセンターの影響

競馬場ごとにレースレベルの差が異なるのは、出走馬の所属するトレーニングセンター（以下、トレセン）が起因しています。トレセンとは競走馬の管理や調教を行うところであり、騎手や調教師が競走馬のトレーニングをするところです。JRAのトレセンは関東を拠点とする"美浦"トレセンと、関西を拠点とする"栗東"トレセンがあり、中央競馬に登録されるすべての競走馬はどちらかのトレセンに所属することが義務付けられています。

1985年、栗東トレセンに坂路コースが完成しました。坂路コースはその名の通り、競走馬をトレーニングする坂道コースです。傾斜をつけて効率よくトレーニングができることから、当時の競走馬の育成状況は格段に良化。

栗東に坂路コースができたことを境に、美浦よりも栗東馬のほうが勝利数で上回り、西高東低と呼ばれるようになりました。ほどな

くして、美浦トレセンにも坂路コースはできますが、栗東よりも傾斜が緩やかで効果も少ないと言われています。

また、西高東低の要因には、高速道路のICの近くにある栗東トレセンは交通の便がよく、競馬場までの輸送時間が短いことや、調教師の業務効率化など様々な要因があると言われています。競走馬を購入した馬主にとっても、強く期待している馬ほど栗東の調教師に預けたいと思うのもいたって自然なことでしょう。こうして栗東＞美浦という構図は今もなお続いているのが現状です。

実際にこれはデータをみても明らかです。出走馬の9割以上が美浦の馬となる東京、中山競馬場における所属別の競走成績を確認してみると、栗東馬のほうが複勝率、複勝回収率ともに優秀であることがわかります。

中山、東京における所属別成績

芝	複勝率	複勝回収率	ダート	複勝率	複勝回収率
美浦	33.6%	80.7%	美浦	31.1%	78.4%
栗東	33.1%	78.9%	栗東	34.3%	**92.1%**

データをみるとダートコースのみ所属別の成績が顕著であることから、競馬場の違いによる降格ローテが有効なのはダートコースです。これは、芝コースは展開や馬場状態に結果が影響を受けやすい一方、ダートコースは馬の能力がそのまま結果に反映されやすいことが起因していると考えられます。

ここまでのまとめ

美浦の馬よりも、栗東の馬はレベルが高い（ダートに限る）

栗東馬の割合による競馬場ランク

美浦よりも栗東の馬のほうがレベルが高いことがわかりました。つまり、競馬場ごとにレベル差があるのは、出走している栗東馬の割合が異なるためと考えることができます。栗東馬がたくさん出走している競馬場ほどＨレベルであり、少ないほど低レベルということです。

そうと分かれば早速、競馬場ごとに出走している栗東馬の割合を見てみましょう。ここでは栗東馬の割合によって競馬場をA～Eランクに分けました。Aランクほど栗東馬の出走している割合が高く、Eランクほど出走している栗東馬の割合は少なくなります。栗東馬の出走割合が高いほどＨレベルなレースになりやすいわけですから、Aランクの競馬場ほどＨレベルということになります。

ここで、1レースごとに栗東馬の割合を調べるほうが正確なのでは？と考える方もいるかもしれません。しかし、レースごとにそこまで大きな差ではないので、競馬場ごとの平均割合さえ頭に入っていれば問題ありません。そもそも、1レースごとに栗東馬の割合を確認するのは手間ですし時給が悪くなりますので、競馬場ごとのランクで問題はないでしょう。

ランク	競馬場ランク（栗東馬の割合）	
A	京都（94.4%）	阪神（95.3%）
B	小倉（83.1%）	中京（71.3%）
C	札幌（50.7%）	函館（50.7%）
D	新潟（32.0%）	福島（28.8%）
E	東京（12.3%）	中山（7.6%）

　Ａランクに該当したのは阪神、京都競馬場。ともに関西の競馬場であり、栗東トレセンと距離が近いことからも当然ですね。実に出走馬の約90％が栗東の馬となっており、他の競馬場と比較して相対的にＨレベルな競馬場となります。

　Ｂランクの該当が小倉、中京競馬場。栗東馬の割合は約70％です。どちらも関西から比較的近い競馬場であり、ローカルとはいえ栗東馬の割合が多くなっています。そのため、Ｂランクも比較的Ｈレベルな競馬場になります。特に中京競馬場は2021年より京都競馬場が改修工事で使えない影響で、栗東馬の割合が増加しています。そのため、ここ数年は中京のレベルは高くなっていることは覚えておいてください。

　Ｃランクの競馬場は札幌、函館。こちらは美浦、栗東の両方から遠い北海道に位置することから、栗東馬の割合は約50％と半分です。覚えやすいですね。

　Ｄランクは福島、新潟で、栗東馬の割合は約30％。どちらも関東から近い距離にある競馬場であるから、美浦馬のほうが多くなっています。

　最後にＥランクが東京、中山。前述のように栗東馬の割合は約10％と最もレベルの低い競馬場となります。

　このように中央競馬にある全10場の競馬場を5つのランクに分けることができました。それでは最後に、これら競馬場ランクを用いて、降格ローテの考え方を解説していきます。

ここまでのまとめ

・栗東馬の割合が高い順に
　競馬場をＡ〜Ｅランクに設定

・ＡランクほどＨレベル、
　Ｅランクほど低レベルな競馬場

　競馬場ごとに栗東馬の割合が異なることから、レースレベルに差が生まれていることがわかりました。また、競馬場ごとに出走している栗東馬の割合は大きく変動しないことから、栗東馬の出走割合ごとに競馬場をA〜Eランクで評価しました。ここで降格ローテの定義を思い出してみると、降格ローテとはHレベル戦→低レベル戦のローテーションのことです。すなわち狙い目としては、上位ランクの競馬場で敗戦した馬が下位ランクの競馬場に出走してきたときになります。言葉で説明するとやや大雑把な表現になってしまいますので、データとともに競馬場ごとの狙い方を確認していきましょう。

今走Eランク　東京競馬場・中山競馬場

今走Eランク競馬場の前走ランク別複勝回収率

| | | 前走の競馬場ランク | | | |
		A	B	C	D
前走着順	1着	78.5%	73.4%	78.6%	79.5%
	2〜5着	87.1%	88.7%	74.0%	84.7%
	6〜9着	91.3%	114.2%	96.0%	85.5%
	10〜着	103.5%	110.5%	106.3%	86.3%

　まずは今走Eランクである東京、中山競馬場の狙い目を具体的に紹介していきます。降格ローテの定義に従えば、狙うのは前走Dランク以上の競馬場で敗戦した馬。Eランクは最低ランクの競馬場であることから、前走が東京、中山以外の競馬場ならすべて降格ローテになります。

　データをみてもそれは明らかです。実際に前走の競馬場ランク別

東京・中山のダート戦は、狙い目の降格ローテが発生しやすいので注目。

に調べてみると、どの競馬場からの馬も6着以下に敗れた馬の回収率は平均の80%を超えていることがわかります。栗東馬の割合が約30%である前走Dランク（新潟、福島）のみプラス分は微妙ですが、それでもCランク以上であればベタ買いでもプラスが狙えるような数字になっています。

　Dランクに所属する新潟、福島の下級条件レースでは、開催によっては出走馬すべてが美浦になることがあるため、レベル差が大きくなりにくいことが数値的に弱い要因の一つです。（※）

　また、そもそも前走が高いレベルであるほど降格ローテの威力が発揮すると考えると、とても理解しやすいデータになっていることがわかるでしょう。今回はサンプル数確保のために複勝回収率で集計していますが、単勝回収率も同様の傾向になります。

　このように降格ローテを利用すれば、今回走る競馬場と前走の競

馬場、そして前走着順を見るだけでも十分プラス収支に近づけることがわかります。大事なことなのでもう一度言いますが、見るのは競馬場と着順だけです。なぜこんなにもシンプルなことでプラス収支が期待できるかといえば、それだけレースレベルに注目している人が少なく、利益にならないほかのデータに踊らされているからです。とはいえ言葉の説明だけでは実感しにくいため、早速それではサンプルレースを見てより具体的に学んでいきます。

※D、Eランクに属する新潟、福島、中山、東京競馬場は美浦の馬が優先的に走ることができる制度があります（通称：ブロック制）。これは2012年にJRAで導入された制度であり、古馬1勝クラス以下のレースにおいてフルゲート割れしない限り、他ブロックの競馬場に出走できないルールです。そのため、Dランク競馬場ではしばしば出走馬が全て美浦の馬になることがあるため、降格ローテの特性上、回収率が上がっていないと考えられます。

2021年5月30日東京9R ダート1,600m（良）
薫風ステークス（4歳上・3勝クラス）

枠	馬	馬名	性齢	単オッズ	人気	前走コース	前走ランク	前走着順
1	①	キタサンタイドー	牡6	26.5	8	阪神ダ1,400	A	3
1	②	バンブトンハート	牝5	15.7	4	東京ダ1,400	E	2
2	③	コラルノクターン	牡4	2.0	1	東京ダ1,600	E	2
2	④	ファイアランス	牡4	6.1	3	中山ダ1,800	E	2
3	⑤	フィールザファラオ	牡6	34.0	11	東京ダ1,400	E	4
3	⑥	ゼノヴァース	牡4	5.5	2	中山ダ1,800	E	5
4	⑦	ダンケシェーン	セ6	25.9	7	東京ダ1,400	E	1
4	⑧	ホウオウライジン	牡5	60.9	13	小倉ダ1,700	B	1
5	⑨	マッスルビーチ	牡5	19.3	6	東京ダ1,600	E	5
5	⑩	フラワーストリーム	セ6	433.7	16	中京ダ1,900	B	15
6	⑪	ホウオウスクラム	牡6	162.4	14	東京ダ1,400	E	9
6	⑫	メイショウハリオ	牡4	15.9	5	阪神ダ1,400	A	10
7	⑬	エピックアン	牡6	28.8	10	東京ダ1,400	E	11
7	⑭	ワンダーマンボ	牝5	36.2	12	新潟ダ1,800	D	1
8	⑮	ローレルリーベ	牡7	314.0	15	東京ダ2,100	E	16
8	⑯	ファシネートゼット	牝4	27.5	9	東京ダ1,400	E	14

　2021年5月30日に行われた薫風Sは東京ダート1,600mのレースです。東京競馬場はEランクの競馬場ですから、狙いは前走が東京、中山以外の競馬場で6着以下に敗れた馬になります。出馬表を見てみると前走Aランクの馬が2頭、Bランクが2頭、Dランクが1頭となり、それ以外はすべてEランク競馬場の経由です。その中で

前走が6着以下に敗れているのがメイショウハリオとフラワーストリームの2頭。降格ローテの考え方から、前走をみただけで候補が2頭に絞れました。

ここで一度整理します。この2頭は前走がHレベルの競馬場でレースをしており、今回が低レベル競馬場であることから、過去に能力を示している可能性が高い馬です。馬券になる馬とは「過去に能力を示している馬」なので、この2頭は該当します。そして前走6着以下であることからも、妙味のある馬ということになります。

最後に一頭ずつ見てみると、フラワーストリームは降格ローテ該当馬とはいえ、昇級してから大敗続き。そもそも単勝オッズも433倍となっており、軸には適していません（後述のコラム3に詳細あり）。　もう1頭のメイショウハリオは単勝オッズも約15倍と妙味もあり、現実的なオッズ帯です。従ってこちらを軸にします。

結果はメイショウハリオが後方から危なげなく差し切って勝利しました。このように東京や中山では出走馬の約90％が美浦の馬であることから、降格ローテ該当馬が少ないことが多く、それだけで予想が終わってしまいます。Eランクだからこそレースレベルの差も大きく、妙味も取りやすいので降格ローテ初心者にはオススメの競馬場です。

Result

着	馬名	性齢	タイム	位置取り	上3F	人気
1	6 ⑫ メイショウハリオ	牡4	1:36.8	8 8	36.2	5
2	1 ② バンブトンハート	牝5	1.1/4	11 10	36.1	4
3	2 ④ ファイアランス	牡4	ハナ	1 1	37.6	3

単 勝	1,590円	馬 単	21,460円
複 勝	480円、420円、240円	ワイド	3,060円、1,880円、1,330円
枠 連	6,610円	3連複	23,670円
馬 連	13,340円	3連単	182,740円

2021年4月17日 中山10R ダート1,800m（稍重）
下総S（4歳上・3勝クラス）

枠	馬	馬名	性齢	単オッズ	人気	前走コース	前走ランク	前走着順
1	①	ダノングロワール	牡4	14.3	5	中山芝2,200	－	7
1	②	テリオスベル	牝4	14.4	6	中山ダ1,800	E	2
2	③	マイネルカイノン	牡6	32.3	12	阪神ダ2,000	A	4
2	④	タイガーインディ	牡4	30.8	11	中京ダ1,900	B	12
3	⑤	ホウオウトゥルース	セ5	3.3	1	中山ダ1,800	E	1
3	⑥	エクレアスパークル	牡7	42.8	15	阪神芝1,600	－	4
4	⑦	トランスナショナル	牡5	5.8	3	中山ダ1,800	E	5
4	⑧	ニーズヘッグ	牝4	21.7	8	中山ダ1,800	E	14
5	⑨	メイショウソテツ	牡5	202.1	16	中京ダ1,900	B	11
5	⑩	プリティーチャンス	牝4	24.8	9	阪神ダ1,800	A	1
6	⑪	ツブラナヒトミ	牡6	16.8	7	阪神ダ1,800	A	4
6	⑫	サクラルーフェン	牡5	29.7	10	中山ダ1,800	E	9
7	⑬	パキュートハート	牡6	39.2	13	中京ダ1,900	B	7
7	⑭	ロードリバーサル	牡5	41.7	14	中京ダ1,900	B	1
8	⑮	ゲンパチルシファー	牡5	8.1	4	中京ダ1,900	B	9
8	⑯	ダンツキャッスル	牡5	5.0	2	阪神ダ1,800	A	2

　最初なのでEランク競馬場からもう一つ具体例を紹介します。2021年4月17日中山10Rの下総Sはダート1,800mで行われるレースです。中山競馬場は東京と同じくEランク競馬場であることから、狙いは中山、東京以外の競馬場経由の馬です。前走の成績を確認するとAランクが5頭、Bランクが5頭と別路線組が多くなっています。

　このレースは3勝クラスと上級条件のため、レース数の関係から別路線組が多くなるのが特徴です。ただし、降格ローテのねらい目は上位ランクかつ6着以下の馬。前走着順を見てみると4頭に絞られます。1頭ずつ見てみると、メイショウソテツは単勝200倍を超える馬であり、さすがに能力は足らないであろうと除外できます。残ったのはタイガーインディ（前走Bランク12着、30.8倍）、パキュートハート（前走Bランク7着、39.2倍）、ゲンパチルシファー（前走Bランク9着、8.1倍）の3頭です。オッズ的にも中穴域で妙味のありそうな馬たちです。

　結果は序盤から積極的に競馬をしたタイガーインディが見事1着。2着にも降格ローテ該当馬であるゲンパチルシファーが入り、馬連101.0倍の万馬券決着となりました。3着も人気だったとはいえ、前走Aランク好走の馬が順当に能力を発揮しました。このようにEランク競馬場だからこそ狙いは別競馬場組。降格ローテを使えば前走をみるだけで万馬券を的中させられることがわかったかと思います。

Result

着	馬名	性齢	タイム	位置取り	上3F	人気
1	2④ タイガーインディ	牡4	1:51.8	1 1 1 1	37.8	11
2	8⑮ ゲンパチルシファー	牡5	1/2	5 5 4 3	37.4	4
3	8⑯ ダンツキャッスル	牡5	クビ	11 11 8 9	37.1	2

単 勝	3,080円	馬 単	20,310円
複 勝	960円、290円、210円	ワイド	3,230円、2,410円、630円
枠 連	2,320円	3連複	13,750円
馬 連	10,100円	3連単	127,600円

Column 03

単勝40倍以下を中心に分析する理由

　本書で紹介しているデータは基本的に単勝オッズ40倍以下に限って集計しています。その理由は、単勝オッズ40倍を超えてくると過剰人気傾向にあることから回収率80％を下回ること。それに伴って、抽出サンプル間の平均回収率に偏りが出る可能性があること。また、稀におこる大穴馬の好走によってデータがブレてしまう可能性があるためです。

　そもそも私は「過去に能力を示した馬」を購入するため、単勝オッズ100倍を超えるような大穴馬は想定していません。また、一般的に大穴と言われる馬は好走確率よりも過剰に馬券が売れてしまっていることから、ベタ買いでは回収率がグッと下がってしまいます。

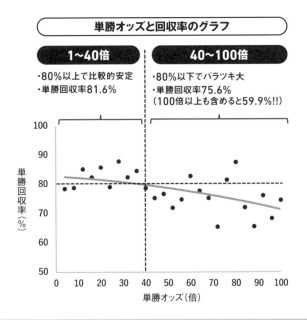

単勝オッズと回収率のグラフ

1〜40倍
・80％以上で比較的安定
・単勝回収率81.6％

40〜100倍
・80％以下でバラツキ大
・単勝回収率75.6％
（100倍以上も含めると59.9％!!）

縦軸：単勝回収率（％）
横軸：単勝オッズ（倍）

図に示したものは単勝オッズ別の回収率を示したグラフです。横軸は単勝オッズ、縦軸は単勝回収率（％）です。横にいくほど単勝オッズは大きくなり、ベタ買いした際の回収率を表しています。

　まず、単勝オッズ40倍以下の馬をベタ買いすると控除率20％を差し引いた値である約80％に落ち着くことがわかります。一方でそれ以上のオッズ帯では平均回収率は下がっていき、100倍以上も含めたものでは約60％と大きく下がっていることがわかります。このことからも、あまりにも人気のない大穴馬は過剰人気傾向であることが考えられ、本命にするのは控えるべきであることが容易に想像できるかと思います。

　一方でパリミュチュエル方式の原理から、ハズれる人が多い大穴馬を当てることは非常に合理的です。あくまでも上記で示した回収率はベタ買いをした際の平均回収率ですから、大穴馬の選択に自信があるのであれば狙うことはあながち間違いとは言い切れません。しかしながら、大穴馬を軸にすることは収支にブレが生じやすく、たまたま的中した事例によって自分が上手いのではないかと錯覚してしまうリスクも生じます。以上のことからも、よほど大穴馬の選択に自信がない限りは単勝40倍以下の馬から本命（軸）は選ぶようにし、どうしても買いたい場合は相手に添えるくらいで考えるのがベターです。

今走Dランク 新潟競馬場・福島競馬場

今走Dランク競馬場の前走ランク別複勝回収率

		前走の競馬場ランク			
		A	B	C	E
前走着順	1着	61.7%	59.4%	79.1%	69.7%
	2〜5着	80.8%	79.7%	97.6%	76.8%
	6〜9着	93.9%	93.5%	66.5%	73.8%
	10〜着	90.1%	109.6%	41.3%	70.6%

　次に紹介するのが福島、新潟競馬場が含まれるDランク競馬場。栗東馬の割合が約30%ということで、ローカル競馬場らしく美浦、栗東の馬が入り乱れる競馬場です。レベル的には下から2番目なのでやや低レベルのレースが多い競馬場となっています。一つ上のランクの函館、札幌競馬場が属するCランクは、栗東馬の割合が約50%であり、約30%のDランクと差が少ないため狙い目にはなりません。狙い目は前走A、Bランクの競馬場の馬。特に注目すべきはBランク競馬場経由の馬で、6着以下の馬を狙うだけでほぼ100%近い回収率を得ることができます。

　Eランクほどの回収率が出てないのは、Dランクがローカルの競馬場だからです。ローカルでは様々な競馬場から競走馬が集まることから、レースによっては降格ローテ該当馬が多くなります。これはEランク競馬場の際にも説明したブロック制により、栗東馬の割合がほぼ0%のレースもあれば、50%近いレースもあるなど、大きくぶれていることが要因の一つです。特に今年（2021年）はオリンピックによる変則開催による影響で第3回新潟開催（7月24日〜8月8日）ではブロック制が適用されず、この開催での栗東馬の割合は約50%にまでアップしました。

　それでも、図に示すように降格ローテ該当馬全頭の複勝を買って
もなお平均回収率である80％を大きく上回るのですから、かなり
優秀な指標と言えるでしょう。軸馬で複90％もあれば連系馬券を
組むことで十分プラス収支を確保できるでしょうし、降格ローテを
利用しない手はありません。

　また、Ｄランク競馬場よりも低レベルであるＥランク競馬場経由
の馬は、前走着順に関わらず回収率が低くなっています。すなわち、
Ｅランクである東京、中山競馬場を経由した馬が人気になっている
レースを見つけたら、真っ先にその馬を軽視するのが正解となりま
す。このように栗東馬の割合によるレースレベルをしっかりと理解
していれば、降格ローテによる本命馬の選定のみならず、軽視すべ
き馬も選べるようになります。

　なお、昨今の日本競馬では暑熱対策に力を入れています。来年以
降はどうなるかはわかりませんが、夏競馬の開催が３場から２場に
変更になる可能性は十分考えられます。その場合、栗東と美浦の馬
に同様の出走機会が与えられるようブロック制は廃止され、本来美
浦のブロックである新潟や福島でも栗東馬が登録しやすくなる可能
性は十分に考えられるでしょう。もしそうなれば降格ローテを活用
できる機会がさらに増えることになりますので、いまの内にＤラン
ク競馬場の狙いもしっかりとマスターすることが重要です。

2021年4月10日 新潟1R ダート1,200m（良）
3歳未勝利（牝）

枠	馬	馬名	性齢	単オッズ	人気	前走コース	前走ランク	前走着順
1	①	キッズリッカリッカ	牝3	18.8	6	中山ダ1,200	E	5
2	②	マントゥノン	牝3	114.7	13	東京芝1,600	―	14
2	③	マコトヴァンセンヌ	牝3	23.5	7	小倉芝1,200	―	18
3	④	リゾートタイム	牝3	83.7	9	中京ダ1,200	B	10
3	⑤	ダンツアスカ	牝3	100.2	11	小倉芝1,200	―	13
4	⑥	シルミーヌ	牝3	103.5	12	中山芝1,600	―	11
4	⑦	アラベスクパンシェ	牝3	93.9	10	東京ダ1,600	E	14
5	⑧	サイモンルピナス	牝3	3.4	2	阪神ダ1,200	A	3
5	⑨	テオドラ	牝3	7.6	4	阪神ダ1,400	A	7
6	⑩	エブリーエックス	牝3	133.3	15			初出走
6	⑪	マラムコーブ	牝3	12.1	5	小倉芝1,200	―	8
7	⑫	タカミズ	牝3	26.3	8	中京ダ1,200	B	14
7	⑬	セリシア	牝3	2.8	1	中京芝1,600	―	3
8	⑭	メイショウミズモ	牝3	4.9	3	阪神ダ1,200	A	4
8	⑮	リネンゼンシン	牝3	124.3	14	中山ダ1,200	E	止

　2021年4月10日新潟1Rはダート1,200mで行われた未勝利戦。新潟開催の開幕週で行われたレースのため、前走の競馬場を見てみるとバラバラであることがわかります。一見すると能力比較が難しいレースだからこそ降格ローテが有効です。未勝利戦のため前走が芝、ダートの両方から参戦している馬が多いですが、栗東馬の割

合による降格ローテは前走がダートコースに限ります。そこで前走がダートコースでレースした馬を見てみると、前走Aランクが3頭、Bランクが2頭、残りはEランクです。

　A、Bランクの中から降格ローテのねらい目となる前走6着以下かつ単勝オッズが40倍以下になりそうな馬を探すと、2頭に絞れます。なお前走が芝コースにおける降格ローテは後述の降格ローテ⑥で学びますが、このレースにおける該当馬はいませんでした。従って候補はテオドラ（前走Aランク7着、7.6倍）とタカミズ（前走Bランク14着、26.3倍）の2頭のみです。

　結果はテオドラが見事1着。タカミズは着外となりましたが、2頭の単勝を買っていても十分プラスになります。このように一見すると前走が芝やダート、様々な競馬場を経由している難しそうなレースも、降格ローテさえ理解できていれば、正しく予想して的中することが可能です。

Result

着	馬名	性齢	タイム	位置取り	上3F	人気
1	5 ⑨ テオドラ	牝3	1:12.9	4 4	37.4	4
2	5 ⑧ サイモンルピナス	牝3	1.1/4	3 3	38.0	2
3	7 ⑬ セリシア	牝3	2.1/2	2 1	38.6	1

単　勝	760円	馬　単	2,580円
複　勝	210円、120円、150円	ワイド	430円、430円、220円
枠　連	1,190円	3連複	990円
馬　連	1,160円	3連単	8,350円

今走Cランク 札幌競馬場・函館競馬場

今走Cランク競馬場の前走ランク別複勝回収率

		前走の競馬場ランク			
		A	B	D	E
前走着順	1着	64.9%	55.9%	55.1%	97.3%
	2～5着	90.1%	100.5%	77.1%	76.2%
	6～9着	100.7%	111.9%	82.7%	93.6%
	10～着	84.7%	102.2%	59.5%	95.2%

　Cランクの競馬場は北海道開催の函館、札幌です。栗東馬の割合が約50％と半分の競馬場になるため、レベルはちょうど中間になります。狙いはさらに上位ランクに位置するA、Bランク競馬場からの降格ローテ。Dランク競馬場の時と同じく、特にねらい目となるのがBランク競馬場の経由馬です。Bランクが中京、小倉のためローカル→ローカルの臨戦過程で正しくレベル比較ができにくいことや、中京競馬場というややアンフェアな競馬場だからこそ、6着以下に敗戦した馬に一層妙味がでています。

　また、繰り返しになりますが京都競馬場が改修工事の影響で、代わりに使われている中京競馬場は栗東馬の割合が増えています。そのためBランクとはいえ、特に中京競馬場からの降格ローテは今後も有力になることが考えられます。

Sample 4

2021年6月20日 札幌2R ダート1,700m（重）
3歳未勝利（牝）

枠	馬	馬名	性齢	単オッズ	人気	前走コース	前走ランク	前走着順
1	①	レスペディーザ	牝3	7.4	4	中京ダ1,400	B	7
2	②	ラリマールース	牝3	6.2	3	札幌ダ1,700	C	3
3	③	フィービー	牝3	45.4	8	阪神芝2,200	—	9
4	④	アーティフィス	牝3	3.5	2	新潟ダ1,800	D	3
5	⑤	スズカマクフィ	牝3	2.5	1	小倉ダ1,700	B	2
5	⑥	カガノワール	牝3	277.9	12	札幌ダ1,700	C	9
6	⑦	テイエムユキマイ	牝3	9.9	5	新潟ダ1,800	D	3
6	⑧	クイントン	牝3	203.1	11	札幌ダ1,700	C	13
7	⑨	クリスタルスワン	牝3	18.8	7	東京ダ1,600	E	6
7	⑩	ココネージュ	牝3	186.9	9	門別ダ1,200	—	6
8	⑪	レピュテーション	牝3	198.3	10	中京ダ1,200	B	8
8	⑫	キアヌマウナ	牝3	12.0	6	新潟ダ1,800	D	6

　2021年6月20日札幌2Rはダート1,700mで行われた未勝利戦。札幌開催も先ほどの小倉同様、開幕週ほど様々な競馬場からの臨戦となります。しかし、この週は開催2週目。北海道開催は連闘で挑む馬も多く、このレースも3頭が連闘で挑んでいました。しかし、前走で同競馬場、同コースを好走した馬は予想者心理から評価

されやすく、基本的には過剰人気傾向になります。このレースでも前走で同舞台3着だったラリマールースが3番人気になっていますが、これは真っ先に過剰人気を疑うレースです。従って、相対的に他の馬に妙味がありそうです。

　こちらも今まで同様に前走の競馬場から降格ローテの馬を探し、単勝40倍以下、かつ前走6着以下の馬をセレクトします。残ったのはレスペディーザ（前走Bランク7着、7.4倍）の1頭のみ。さらにレスペディーザの前走は牡馬混合戦。後述の混合→牝馬限定の降格ローテ②にも当てはまるダブル降格ローテ選定馬です。結果は1番人気のスズカマクフィに敗れて惜しくも2着。それでも4番人気ながら人気以上に好走しました。また、過剰人気を疑っていたラリマールース（前走同条件3着、6.2倍）は6着に惨敗。こちらも期待通りの結果となりました。

Result

着	馬名	性齢	タイム	位置取り	上3F	人気
1	5⑤ スズカマクフィ	牝3	1:45.9	12 12 4 3	36.9	1
2	1① レスペディーザ	牝3	2.1/2	3 3 1 1	38.5	4
3	7⑨ クリスタルスワン	牝3	1/2	10 10 8 5	37.0	7

単　勝	250円	馬　単	1,910円
複　勝	130円、230円、460円	ワイド	470円、970円、1,940円
枠　連	1,320円	3連複	5,810円
馬　連	1,140円	3連単	19,810円

今走Bランク　小倉競馬場・中京競馬場

今走Bランク競馬場の前走ランク別複勝回収率

		前走の競馬場ランク			
		A	C	D	E
前走着順	1着	77.0%	36.7%	69.0%	52.3%
	2〜5着	78.4%	50.6%	81.7%	68.9%
	6〜9着	92.0%	104.6%	68.3%	64.9%
	10〜着	84.4%	11.1%	77.3%	77.3%

※Cランク経由はサンプル数が少なく参考程度

　栗東馬の割合による降格ローテの最後がBランク。小倉、中京競馬場です。約80％が栗東馬と非常に高く、近年はその出走割合も増加しているためHレベルな競馬場です。必然的に降格ローテ該当馬は前走Aランク競馬場経由のみになります。降格ローテのねらい目である6着以下の成績は、確かに平均の80％を上回る優秀な値です。とはいえ、ベタ買いでプラスにはならないのはA→Bランクではレベル差が大きくないことが一つの要因といえるでしょう。また、逆に前走Eランクの競馬場経由の馬は回収率がガタ落ちなのがわかります。低レベル→Hレベル戦の臨戦になることからも、理解しやすいデータです。そのため、上位ランクの競馬場では、前走で低ランクの馬が人気していれば真っ先に疑ってかかるべきです。

　なお、最上位であるAランク競馬場の阪神、京都競馬場では栗東馬の割合による降格ローテは使えません。降格ローテはHレベル戦→低レベル戦のローテであることから、Aランク以上の競馬場は存在しないからです。阪神や京都では別の降格ローテが使えますので、次の項より学んでいきます。

2021年3月21日 中京4R ダート1,400m（不良）
3歳未勝利

枠	馬	馬名	性齢	単オッズ	人気	前走コース	前走ランク	前走着順
1	①	ジェラゾヴァヴォラ	牡3	195.5	14	中山ダ1,200	E	13
2	②	イサチルソッリーソ	牡3	290.2	15	阪神ダ1,400	A	13
2	③	テイエムリオン	牡3	55.1	10	阪神ダ1,400	A	8
3	④	パープルレイン	牡3	140.2	12	中山ダ1,800	E	13
3	⑤	レスプロンディール	牝3	6.2	4	小倉芝1,800	―	10
4	⑥	ペイルライダー	牝3	6.7	5	小倉芝2,000	―	4
4	⑦	タイセイアンシェル	牡3	10.5	6	東京芝1,400	―	11
5	⑧	コーンフィールド	牝3	4.7	2	東京ダ1,400	E	8
5	⑨	アンノウンヒーロー	牡3	129.6	11	東京芝1,800	―	10
6	⑩	スズカヒカリ	牡3	21.6	7	中京ダ1,400	B	8
6	⑪	トーセンアラン	牡3	5.4	3	小倉ダ1,700	B	8
7	⑫	ヴェルナー	牡3	3.3	1	京都芝1,600	―	5
7	⑬	フォーエバーコール	牡3	36.6	9	中山ダ1,200	E	9
8	⑭	ボールドリーチ	牡3	189.5	13	中山芝1,600	―	16
8	⑮	スペシャルサンデー	牡3	27.4	8	阪神ダ1,400	A	10

　2021年3月21日中京4Rはダート1,400mで行われる未勝利戦。中京はBランクの競馬場であるため、比較的Hレベルなレースです。このレースで2番人気のコーンフィールドは前走Eランクの東京競馬場で8着の馬。確かにそれ以前は別の競馬場で好走歴がありますが、降格ローテの考えでは低レベル→Hレベルの臨戦過程。前走よ

りもいい着順を望むのは厳しく、過剰人気であると考えるのが妥当です。

そこでほかの馬を見てみると、前走Aランク&6着以下&単勝40倍以下の馬はスペシャルサンデーの1頭のみでした。無条件でこの馬を買いとみなします。

なお、このレースも前走芝レース出走馬が6頭いましたが、後述する降格ローテ⑥（芝→ダート）に該当し、単勝オッズ40倍以下の馬は0頭でした。特に芝→ダート替わりで人気していたレスプロンディールやペイルライダーは①芝で先行している②ダート1400m以上の牡牝混合戦の牝馬と、過剰人気傾向満載な馬です（これらも本書の後半で説明します）。

結果はスペシャルサンデーが8番人気ながら3着に好走。過剰人気とみなしたコーンフィールドは11着に惨敗し、芝→ダート替わりで人気していた2頭も惨敗。期待通りの結果になりました。

Result

着	馬名	性齢	タイム	位置取り	上3F	人気
1	6 ⑪ トーセンアラン	牡3	1:23.9	2 2	38.1	3
2	7 ⑫ ヴェルナー	牡3	クビ	5 5	37.8	1
3	8 ⑮ スペシャルサンデー	牡3	1	1 1	38.6	8

単 勝	540円	馬 単	2,340円
複 勝	240円、170円、550円	ワイド	470円、1,780円、1,400円
枠 連	740円	3連複	5,520円
馬 連	1,020円	3連単	26,900円

Column 04

芝レースにおける栗東馬の割合

　栗東馬の割合に着目した降格ローテはダートにおいて使える予想法です。とはいえ、芝もダートも競馬場ごとの栗東馬の出走割合はほとんど同じであり、従ってA〜Eの競馬場ランクは芝・ダート共通のものです。また、芝コースにおいても栗東馬のほうが優秀な傾向にあり、ダートほどではないにせよ全競馬場の平均勝率は栗東馬が優勢になります。では、芝コースにおいても栗東馬の割合に着目した降格ローテは使えるのではないか？と、お思いの方もいるかもしれません。しかし、結論から言えば馬券術としては到底成り立たない結果になります。

　全て紹介するのは紙面の都合上割愛させていただきますが、最も降格ローテが使いやすい今走Eランクの競馬場のデータを見てみると一目瞭然です。どの競馬場からのローテーションでも回収率が有効といえる傾向はみられません。芝コースは能力だけでなく、当日の馬場状態や適性、展開によって着順が入れ替わりやすいため、栗東馬の割合による能力比較だけではプラス収支を得るのは難しいのでしょう。

今走Eランク競馬場（芝）の前走ランク別複勝回収率

| | | 前走の競馬場ランク | | | |
		A	B	C	D
前走着順	1着	88.8%	105.9%	89.7%	90.6%
	2〜5着	77.5%	83.3%	100.9%	79.4%
	6〜9着	74.6%	71.9%	78.6%	83.1%
	10〜着	71.5%	89.4%	52.1%	79.1%

しかし、複勝回収率ベースでなく勝率でいえば栗東馬が優勢であることは変わりません。例えば日本ダービーだけみても近10年では栗東馬が8勝、美浦の馬が2勝と明らかに栗東優勢の傾向がみられます。これは何も日本ダービーに限らず、クラシック全般にいえる傾向です。ダービーを目指すような高額の期待馬であるほど、栗東の厩舎に預けたくなるものでしょう。そのためクラシック戦線において過小評価されている栗東の馬を狙う、というのは合理的な予想法であると考えています。

　また、芝では回収率が担保できなかったことから降格ローテはダート専用なのか？というと、その答えもNoになります。芝コースには芝コースに適した降格ローテが存在しており、今後説明していく降格ローテ③、④、⑤、⑦が芝コースにおいても有効な降格ローテです。

21年のダービーも関西馬シャフリヤールが優勝（写真内側）。

性別と距離による降格ローテ

降格ローテ②

牡牝混合1,400m以上 ≫ 牝馬限定戦　　対象コース　ダート

　2つ目の降格ローテ②は性別に着目したものです。次に紹介する降格ローテ③も性別に着目したものですが、こちらはダート専用のものであり、後者は芝専用になります。

　JRAが主催する中央競馬において、牝馬はすべてのレースに出走することが可能です。牡馬限定のレースというのは存在せず、牡馬クラシックと言われる皐月賞や日本ダービーでも牝馬は出走可能になっています。実際に2017年の皐月賞には牝馬のファンディーナが、2021年の日本ダービーには牝馬のサトノレイナスが出走しました。

　一方で牡馬は"牝馬限定戦"以外のレースに出走することが可能です。牝馬限定戦とは文字通り牝馬のみが出走できるレースのことです。レース名の横に（牝）とあれば、そのレースは牝馬限定戦を意味しています。そのため、出走している性別によって中央競馬のレースを区別すると

❶牡馬だけが出走しているレース
❷牡馬と牝馬が一緒に出走するレース
❸牝馬だけが出走しているレース

の3パターンがあります。ここでは便宜的に「❷牡馬と牝馬が出走するレース」のことを、牡牝混合レースと名付け、「❸牝馬だけが出走しているレース」のことを牝馬限定戦と名付けて説明します。

　このように、出走しているレースが牡牝混合なのか、牝馬限定なのかでレースレベルが異なる可能性が考えられます。この差を利用

したものが降格ローテ②です。

　結論から申し上げると、降格ローテ②は牡牝混合1,400m以上戦→牝馬限定戦のローテーションのことであり、ねらい目は前回同様、前走で6着以下に敗れた馬になります。復習になりますが降格ローテはHレベル戦→低レベル戦のローテーションのことであるから、降格ローテ②に当てはめて考えると

Hレベル戦：牡牝混合1400m以上戦
低レベル戦：牝馬限定戦

ということになります。つまり、ねらい目は強い牡馬と戦って敗戦した牝馬が、弱い牝馬同士のレースに出てきたときです。

　パッと見、複雑でややこしいと感じるかもしれませんが、それは背景のデータを知らないだけなので安心してください。数学の公式も丸暗記するだけでは意味もわからず大変だと感じてしまいますが、その背景や公式の導出過程を学べばすんなりと理解できます。これは競馬も同じです。そこで、まずは競馬において性別がレースに与える影響を学んでいきましょう。

ここまでのまとめ

・競馬は牡馬と牝馬が一緒にでる
　レースや、牝馬限定戦がある
・降格ローテ②は性別による能力差を
　利用している

芝・ダートにおける性差の影響

　突然ですが、牡馬と牝馬ではどちらが優れた運動能力を持っているでしょうか？　人間で考えてみると、男性のほうが女性よりも筋肉がつきやすく、運動能力は優れているのが一般的です。実際に、2021年6月時点での100m走の世界記録を見てみると、男：9.58秒（ウサイン・ボルト）、女：10.49秒（フローレンス・ジョイナー）と約1秒の差があり、性別の違いによる運動能力の差を理解できるでしょう。そもそも人間界において男女混合で行うスポーツは珍しく、性別によって試合を分けるのが一般的です。これは、性別の違いによって運動能力に差があることが明白だからと言えます。

　一方で競馬は牡馬、牝馬が同一のレースに出走することは日常茶飯事です。そこで牝馬のほうが牡馬よりも負担重量を軽くすることで、性別の違いによる運動能力の差を補填しています。

　近年の古馬ＧＩに注目してみると、アーモンドアイ、グランアレグリア、クロノジェネシスと強い牝馬が牡馬を圧倒するのが一般的になりました。そのため、競馬において性別による能力差はほとんど存在しない、とお思いの方もいるでしょう。しかし、結論を申し上げれば牡馬と牝馬の能力差が少ないのは芝レースだけであり、ダートコースにおいては今でも明確に牡馬優勢となっています。実際に牡馬、牝馬の両方が出走しているレースにおいて性別ごとの成績を確認してみると、芝よりもダートのほうが性別による成績に差があることがわかります。

| 芝 | 牡馬 | 複勝率：33.6% | 複回収率：78.8% |
| | 牝馬 | 複勝率：31.6% | 複回収率：80.6% |

| ダート | 牡馬 | 複勝率：32.9% | 複回収率：81.9% |
| | 牝馬 | 複勝率：29.6% | 複回収率：76.8% |

牡牝混合のダートGⅠを制覇した唯一の牝馬・サンビスタ。

　特に回収率ベースで見てみると、ダート競馬における牝馬の成績が悪くなっており、人気以上に敗戦していることがわかります。確かに、先ほど述べた強い牝馬はすべて芝のGⅠウィナーです。一方で牡牝混合のダートGⅠを制覇した牝馬は2015年にチャンピオンズCを勝利したサンビスタ1頭だけです。このように、性別の違いによる競走能力への影響は、ダートコースにおいて顕著であることがわかります。

ここまでのまとめ

ダートにおいては、牝馬よりも牡馬が強い

レース距離における性差の影響

　ダートという芝よりもタフな条件においては、牝馬よりも牡馬が強いことがわかりました。筋肉の付きやすいオスのほうがダートで強いというのは、非常に想像しやすい結果と言えるでしょう。では次に、レース距離における性別差の影響を考えていきます。

　結論から申し上げると、レース距離においても同様の考えで説明可能です。つまり、距離が長いタフな条件ほど牡馬が優勢になります。論より証拠、それでは実際のデータをみて確認してみます。ここでは芝、ダートに分けたのちに、距離別の性別成績を調べました。集計は同様に牡馬、牝馬の両方が出走しているレースに限っています。

牡馬と牝馬の条件別能力差

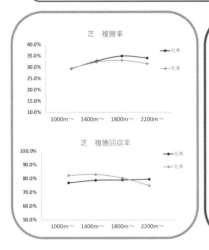
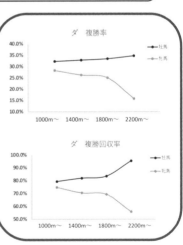

牡馬、牝馬の能力差があるのは…

芝短距離＜芝長距離＜ダート短距離＜＜ダート長距離

（ほぼ差なし）

　図は縦軸が複勝率（複勝回収率）、横軸がレース距離です。どのグラフも上にいくほど複勝率（複勝回収率）が高いことを示し、右にいくほど距離が長いレースにおける成績を表しています。まず見てもらいたいのはグレーの線で示した牝馬の成績。見ての通り距離が延びるほど右肩下がりになり、複勝率および回収率ともに成績が落ちています。

　一方、黒い線で示した牡馬の成績は距離が延びるほど右肩上がりになり、複勝率および回収率ともに上がっています。すなわち、距離が延びるほど性別による競走成績への影響は大きくなり、より一層牡馬が優勢になるということです。

　特に注目してほしいのはダート。芝レースやダート短距離では性別による違いは大きくないものの、ダート1,400mを超えたあたりから大きな差になっていることがわかります。複勝率だけでなく、回収率にも大きな差が出ていることから、牝馬は人気以上に敗戦していることがわかります。つまりこのデータから、ダート1,400m以上では牡馬が非常に強いということがわかります。

ここまでのまとめ

・距離は延びるほど牡馬が優勢
・特にダート1,400m以上では
**　牡馬が強い**

牡牝混合のダート1,400m以上→牝馬限定戦

　さて、ここまで学んできたことを復習します。まず、牡馬と牝馬ではダートにおいて牡馬が優勢になることがわかりました。また、距離が延びるほど牡馬が優勢になり、その傾向はダート1,400m以上において顕著であるということもわかりました。やはり、牡馬と牝馬では骨格の作りや筋肉量の違いから、よりタフな条件であるダート1,400m以上において能力差が表れているのでしょう。

　性別の違いによって成績に差がでることはJRAももちろん熟知しており、レースによって牝馬限定戦という条件が付けられています。牝馬限定戦とは文字通り牝馬のみが出走できるレースのことであり、牡馬は出走することはできません。

　これを牝馬の側に立って考えてみてください。牝馬にとって、強い牡馬と戦うレースは非常に不利なレースです。ましてやダート1,400m以上ともなれば牡馬は強敵。すなわち、Hレベルなレースであると言えます。一方で、同じ牝馬同士で戦うレースであれば性差は気にする必要がありません。牝馬しか出走していないため、牡馬とのレースと比べて相対的に低レベルということがわかります。つまり、牝馬の側に立ってみると、牡牝混合と牝馬限定戦にはレースレベルに差があることがわかります。そこで降格ローテの登場で

牡馬混合戦→牝馬限定戦ローテにおける前走着順別成績

芝	単勝回収率	複勝回収率	ダート	単勝回収率	複勝回収率
1着	91.3%	76.9%	1着	65.6%	66.4%
2～5着	74.8%	76.3%	2～5着	80.5%	80.4%
6～9着	76.4%	73.8%	6～9着	115.3%	85.1%
10～着	75.4%	82.8%	10～着	60.0%	78.4%

牝馬交流重賞で大活躍のマルシュロレーヌも牡馬と互角にわたりあっていた。

す。

　それでは早速、降格ローテの定義に従ってデータを見てみましょう。相対的にＨレベルなレースが牡牝混合戦、低レベルなレースが牝馬限定戦なのだから、降格ローテは牡牝混合→牝馬限定戦のローテーションになります。まずはこれまでの内容を理解するためにも、ダートコースだけでなく芝コースにおける牡牝混合→牝馬限定のデータも用意しました（左ページ）。

まず注目してほしいのが芝コースのデータ。芝コースにおける牡牝混合→牝馬限定の成績をみても、前走着順に関わらずあまりいい成績とは言えません。一方でダートは全体的に回収率が良く、特に6着以下に敗れた馬の成績が良くなっています。

それもそのはず。そもそも性別による差がでやすいのはタフな条件であるダートのみ。ダートコースだからこそ牡馬が強く、牝馬にとってHレベルなレースになるのです。そのため、そもそも性別によるレベル差が少ない芝コースにおいて、牡牝混合戦はもはやHレベルとは言えません。牡牝混合→牝馬限定で成績に向上が見られないのは、芝レースの牡牝混合がHレベル戦ではなく、降格ローテが成り立たないのです。

さらに思い出してほしいのが距離による性差の影響です。距離は延びるほど牡馬が優勢になり、特にダート1,400m以上では牡馬が強いということを学びました。つまり、牝馬にとって牡牝混合戦がHレベルなのはダート1,400m以上のレースに限ります。降格ローテに従って考えれば

Hレベル戦：牡牝混合のダート1,400m以上

低レベル戦：牝馬限定戦

になります。

牡馬混合戦→牝馬限定戦ローテにおける前走着順別成績（ダート1,400m以上）

	単勝回収率	複勝回収率
1着	82.2%	71.8%
2～5着	81.6%	84.8%
6～9着	134.0%	97.8%
10～着	76.7%	88.0%

　そこで先ほどの図で説明したダートコースの条件に「牡牝混合ダート1,400m以上」の条件を加えます。これがこの章の冒頭で述べた降格ローテ②です。最初に見たときは難しく感じたかもしれませんが、理由が分かった上で見るとすんなり理解できるでしょう。狙いはもちろん、前走6着以下に敗れた馬です。データ上も単勝回収率はもちろん、複勝回収率でも90％を超える高い水準になりました。このように降格ローテは背景にあるデータから、論理的に導きだされた馬券術なのです。

　とにかく予想するレースが牝馬限定戦であるときは、真っ先に今回紹介した降格ローテ②を思い出してください。

2021年5月16日中京8R ダート1,800m（稍重）
4歳以上2勝クラス（牝馬限定）

枠	馬	馬名	性齢	単オッズ	人気	前走コース	前走条件	前走着順
1	①	ダンツチョイス	牝6	16.4	7	阪神ダ1,800	混合	2
2	②	ペイシャクレア	牝5	81.7	9	新潟ダ1,800	牝限	10
3	③	スマートアリエル	牝4	11.4	6	新潟ダ1,800	牝限	12
4	④	ペイシャノリッジ	牝4	2.9	1	新潟ダ1,800	牝限	3
5	⑤	ピクシーメイデン	牝5	3.5	2	阪神ダ1,800	牝限	3
6	⑥	ラヴィンフォール	牝4	10.7	5	新潟ダ1,800	牝限	13
7	⑦	マーブルサニー	牝5	5.7	3	中京ダ1,800	混合	1
8	⑧	メイショウヨソユキ	牝5	16.8	8	中京ダ1,900	混合	7
8	⑨	フラーレン	牝4	6.9	4	阪神ダ1,800	混合	8

　2021年5月16日中京8Rはダート1,800mの2勝クラス。牝馬限定戦のレースです。牝馬しか出走していないレースを見たら、真っ先に考えるのが降格ローテ②。すなわち、前走で牡牝混合に出走し、敗戦した馬を探します。そもそも、このレースで人気している馬は

1番人気：ペイシャノリッジ（前走、牝馬限定3着）
2番人気：ピクシーメイデン（前走、牝馬限定3着）

　と、どちらも牝馬限定戦で好走した馬です。また、3番人気のマーブルサニーも前走が混合戦とはいえ、今回は昇級初戦。妙味は低く、

必然的に狙いはほかの馬にあります。そこで前走が牡牝混合戦の馬で、なおかつ6着以下に敗れた馬を探すとフラーレンとメイショウヨソユキの2頭に絞ることができます。また、フラーレンの前走はAランク競馬場の阪神。Aランク→Bランク競馬場のローテーションから、降格ローテ①にも該当しています。どちらも単勝40倍以下であり、人気も4,8番人気と妙味がありそうです。結果はメイショウヨソユキが1着、フラーレンが3着に好走。前走の出馬表のみを見て選出した降格ローテ該当馬が、どちらも人気以上の好走をしてくれました。

特に、勝ったメイショウヨソユキは昇級してずっと牡牝混合戦に出走していました。着順は4→9→7着と結果が出せておらず、実力以上に人気していませんでした。しかし、実際はHレベル戦での敗戦なので、過去に能力を示していたということになります。このように牝馬限定戦でまず見るべきは牡馬との対戦成績になります。隠れた格上馬を探すヒントは、性別にも存在していることがわかります。

Result

着	馬名	性齢	タイム	位置取り	上3F	人気
1	8⑧メイショウヨソユキ	牝5	1:51.6	2 2 2 2	37.8	8
2	5⑤ピクシーメイデン	牝5	5	4 5 4 4	38.2	2
3	8⑨フラーレン	牝4	2.1/2	7 7 7 5	38.4	4

単勝	1,680円	馬単	7,780円
複勝	420円、150円、240円	ワイド	1,040円、1,590円、510円
枠連	920円	3連複	5,680円
馬連	3,190円	3連単	43,590円

Column 05

ダートの昇級初戦は✕

　これまでにダートにおける2つの降格ローテを紹介してきました。前走6着以下に敗れた馬を重視するのが降格ローテの基本ですが、データをみるとダートにおける前走1着馬の回収率の悪さに気付きます。降格ローテ②では芝のデータも紹介しましたが、こちらは前走1着の成績は悪くありませんでした。前走1着ということは、主に昇級初戦の馬になります。つまりダートの場合、昇級初戦（前走1着馬）の馬は軽視するのが正解です。

前走1着馬の次走成績			
	勝率	複勝率	単勝回収率	複勝回収率
芝	13.6%	36.1%	80.0%	81.1%
ダ	10.3%	28.8%	62.3%	71.9%

　これは年間における芝・ダートのクラス別レース数が原因として考えられます。JRAが主催する中央競馬において、芝、ダートのレース数はそれぞれ約1,700レースとほとんど差はありません。ところがクラス別のレース数は大きく異なっています。新馬、未勝利戦はダートのほうが多く組まれており、クラスが上がるにつれて芝のレース数が多くなる傾向にあるのです。

クラス別レース数（2020年）		
クラス	芝	ダート
オープン	187	66
3勝クラス	112	92
2勝クラス	248	226
1勝クラス	429	528
新馬or未勝利	697	755
全体	1673	1667

　つまりダートは昇級すればするほどレース数が少なくなり、勝ち上がるのは非常に狭き門となります。すると昇級後は少ないレースにこぞって有力馬が出走してくるため、必然的にレースのレベルは高くなっていきます。特に3歳の1勝クラスはレベルが高いことが多く、後に重賞を勝つような馬も1勝クラスにとどまっている場合もあるのです。

　一方で芝は昇級後もレース数が多く、出走馬が分散するためどの馬にもチャンスが訪れます。また、能力だけでなく展開や馬場など外因的な要因によって好走チャンスが増える芝だからこそ、昇級初戦の成績も悪くないのです。

　なお、ほぼ全頭が昇級初戦になる2歳のダート戦ではこのデータは役に立ちません（当たり前ですが…）。そのため、3歳限定もしくは3歳以上の1勝クラスより格が上のレースにおいて昇級初戦の馬がいたら軽視するようにしましょう。

性別と開催時期による降格ローテ

降格ローテ③

冬〜春の牡牝混合戦 ▶ 夏の牡牝混合戦の牝馬

対象コース 芝

※冬〜春=12〜4月、夏=5〜9月

　3つ目の降格ローテ③も性別に着目したものです。降格ローテ②はダート専用でしたが、③は芝専用となります。芝コースにおける性別の影響は、前章で紹介したように競走成績に大きな差はありません。

芝

牡馬	複勝率:33.6%、	複回収率:78.8%
牝馬	複勝率:31.6%	複回収率:80.6%

　では、芝において性別は全くもって無視していいのか?というとそんなこともありません。性別による競走成績への影響に関しては、もう一つ大きく関与しているファクターがあります。それは季節です。"夏は牝馬"という有名な格言があるように、特に牝馬は季節によってパフォーマンスが変化します。

　詳しく説明をする前に、まずは降格ローテ③の結論から述べます。降格ローテ③は芝コースにおける冬〜春の牡牝混合戦→夏の牡牝混合戦の牝馬になります。降格ローテに従って記述するのであれば

Hレベル戦:冬〜春の牡牝混合戦
低レベル戦:夏の牡牝混合戦

です。これは牝馬からみた相対的なレベル差を利用したものであり、今までの降格ローテ同様、見るべき項目は前走だけです。もちろん狙いはHレベル戦で6着以下に敗れた馬になります。では、一見す

ると意味の分からないこの降格ローテは、いったいどうやって生み出されたのか。その理由を見ていきましょう。

ここまでのまとめ

・芝は牡馬、牝馬で成績差が少ない
・牝馬は季節により パフォーマンスが変動する

サラブレッドは季節繁殖動物

現在、日本の競馬で走っている馬の品種はサラブレッドです。サラブレッドは特定の季節に発情期をむかえる季節繁殖動物と言われています。その中でもサラブレッドは長日性季節繁殖動物に属し、日が長くなる春に発情期をむかえる動物です（※）。これは牝馬特有であり、牡馬は季節に関係なく牝馬のにおいを嗅げば馬っけをだして発情します。

このように、サラブレッドは季節により身体的特徴を変化させる動物です。特に、ある特定の時期に発情期を迎える牝馬は、太陽の出ている時間の長さや気温によってホルモンバランスを変化させます。その結果、繁殖の合図である発情期はもちろん、体重も季節によって変化させているのです。

一般的に体重は冬に増えるイメージがあります。夏のように暑い日は代謝が良くなり汗もたくさんかくことから、夏は痩せ、冬は太るのは人間も同じです。しかし、サラブレッドにおいて冬に体重が増えるのは、実は牡馬だけです。反対に、牝馬の馬体重が増えるのは夏であることが知られています。

実際、JRA競走馬総合研究所の高橋先生の研究によると、成長が終わった5歳以降のサラブレッドの馬体重は、性別によって変化が異なることが報告されています。

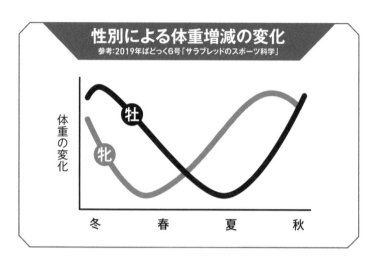

性別による体重増減の変化
参考:2019年ぱどっく6号「サラブレッドのスポーツ科学」

体重の変化

牡

牝

冬　　　春　　　夏　　　秋

　牡馬はイメージ通り夏に痩せ、冬に太る傾向にあります。一方でメスは夏に体重が増え、冬に体重が減る傾向にあるのです。これがどのように競走能力に影響しているかは、今の研究段階では解明することができません。しかしここで覚えておきたいことは、サラブレッドは季節性の動物であり、季節によって身体的特徴を変化させているということです。

　（※）サラブレッドは人為的に発情期を早めています。これをライトコントロールといいます。

ここまでのまとめ

サラブレッド（牝馬）は
季節によって身体的特徴を変化させる
季節繁殖動物である。

「夏は牝馬」の格言

　競馬には様々な格言があり、その中のひとつに「夏は牝馬」という有名な格言があります。夏は牝馬とはその名の通り「夏の季節は牝馬を買え！」というものです。古くから言われる格言であり、一度は耳にしたことがある人も多いでしょう。実際に牝馬の季節別成績を見てみると、夏に最も回収率が良くなることから、この格言は正しいということがわかります。

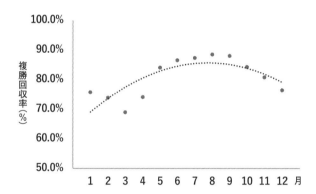

牡牝混合の芝レースにおける開催月による牝馬の成績

　特に芝コースは冬と夏で回収率が約20％も異なります。それだけ人気とオッズにギャップがあることを意味しており、まだまだ夏は牝馬の格言は利用価値のある格言です。

　このように夏に牝馬の成績が上がることはわかりますが、その要因は完全には解明されていません。とはいえ、前述のようにサラブレッドの牝馬は季節によって身体的特徴を変化させる季節性の動物であるため、夏にパフォーマンスを上げたとしても特に異論はないでしょう。

牝馬は夏にパフォーマンスを上げる

冬～春の牡牝混合戦→夏の牡牝混合戦

　ここまでのお話から、牝馬は季節性の動物であること、また夏に
パフォーマンスを上げることがわかりました。ここで牝馬の立場に
なって考えてください。牝馬にとって不調である季節に牡馬と一緒
にレースすることは非常に不利な状況です。

　一方で夏に牡馬と一緒にレースすることは、パフォーマンスが上
がり有利な状況となります。つまり相対的に考えれば、牝馬にとっ
てHレベルなレースになるのは前者（冬～春に牡馬とレースをする
こと）であり、低レベルに感じるのは後者（夏に牡馬とレースをする
こと）になります。このように芝においても、性別を意識すること
でレースレベルに差があることがわかります。そこで降格ローテで
す。降格ローテの定義に従って考えれば

Hレベル戦：冬～春の牡牝混合戦
低レベル戦：夏の牡牝混合戦

になります。

冬〜春の牡馬混合戦→夏の牡馬混合戦ローテにおける前走着順別成績

前走着順	単勝回収率	複勝回収率
1着	65.9%	75.9%
2〜5着	92.8%	82.8%
6〜9着	92.9%	91.5%
10〜着	116.8%	89.5%

　ここでは牝馬のパフォーマンスが下がる傾向にある冬〜春を12〜4月、パフォーマンスがあがる夏を5〜9月と定義しました。すなわち降格ローテ③とは冬〜春の牡牝混合戦→夏の牡牝混合戦に出走してくる牝馬のことであり、ねらい目はこれまでと同様に、前走6着以下の馬になります。同一レースにおいて該当馬が複数出やすいため数値的には出にくいですが、それでも回収率は平均の80%を超える優秀な値になっています。

　特に「夏は牝馬」のデータは、知っていても予想に反映しにくいデータです。「夏だから牝馬を重視しよう！」と思っていても、過去の着順が悪いとためらってしまうのが人間です。だからこそ降格ローテのように、機械的に着順の悪い牝馬から拾うことが非常に有効になるのです。

2021年6月13日 札幌6R 芝1,800m（良）
3歳未勝利

枠	馬	馬名	性齢	単オッズ	人気	前走コース	前走日付	前走着順
1	①	ハイエログリフ	牝3	8.4	4	阪神芝1,800（混）	4月3日	9
2	②	ヴィクトールアイ	牝3	18.8	8	新潟芝2,000（牝）	5月15日	4
3	③	フェイトリッパー	牡3	4.1	2	阪神芝1,800（混）	4月3日	6
4	④	ボタニスト	牡3	158.1	13	中山ダ1,200	3月21日	16
4	⑤	モデュロール	牡3	49.8	12	阪神芝2,000（混）	4月1日	13
5	⑥	ハクシンパーソナル	牡3	37.1	11	中京芝2,000（混）	5月16日	5
5	⑦	シグナステソーロ	牡3	12.5	6	東京芝2,000（混）	5月16日	4
6	⑧	フェアビアンカ	牝3	6.4	3	新潟芝2,000（混）	4月17日	9
6	⑨	ムラサメマル	牡3	27.5	10	新潟ダ1,800	4月17日	14
7	⑩	ウォリアープライド	牡3	13.4	7	中京芝2,000（混）	3月13日	4
7	⑪	カタリーナ	牝3	22.2	9	阪神芝1,800（混）	2月21日	13
8	⑫	レヴォリオ	牡3	10.2	5	新潟芝1,800（混）	5月22日	2
8	⑬	サトノディーバ	牝3	3.3	1	新潟芝1,800（牝）	5月23日	4

　2021年6月13日札幌6Rは芝1,800mの未勝利戦。牡馬と牝馬が一緒に出走する芝のレースであることから、性別差を利用した降格ローテ③が有効だと考えられます。出馬表から前走が牡牝混合のレース（牝馬限定でない）であり、かつ12〜4月のレースに出走した牝馬を選びます。もちろん、狙いは上記のHレベル戦で6着以下

に敗れた妙味のある馬です。これに該当するのはハイエログリフ（前走春の牡牝混合9着、8.4倍）、フェアビアンカ（前走春の牡牝混合9着、6.4倍）、カタリーナ（前走冬の牡牝混合13着、22.2倍）の3頭になります。単勝オッズも40倍以下と現実的であり、必然的に狙いはこの3頭です。この日は札幌競馬の開幕週であり、最初のコーナーまでが短い1周コースの芝1,800mは内を通った馬が断然有利。前者のハイエログリフは1枠1番と好枠を引いたこともあり、期待度はさらに高まります。

　結果は内枠を利してハイエログリフが1着。3着にも降格ローテ該当馬であるカタリーナが入りました。フェアビアンカはハイペースで暴走し着外に敗れましたが、それでも勝ったハイエログリフの単勝オッズ8.4倍、カタリーナとのワイドが30.2倍であれば十分な配当です。このように夏の芝レースではまずは牝馬に注目し、冬〜春に敗れている降格ローテ該当馬で十分儲けることが可能です。

Result

着	馬名	性齢	タイム	位置取り	上3F	人気
1	■① ハイエログリフ	牝3	1:46.7	④ ⑤ ⑤ ②	35.5	4
2	⑧⑬ サトノディーバ	牝3	1.1/2	⑧ ⑧ ⑦ ⑤	35.4	1
3	⑦⑪ カタリーナ	牝3	1.1/2	④ ③ ③ ②	36.2	9

単　勝	840円	馬　単	4,040円
複　勝	290円、140円、590円	ワイド	710円、3,020円、1,210円
枠　連	1,400円	3連複	9,370円
馬　連	1,560円	3連単	47,670円

Column 06

「冬の牝馬」は狙えるのか？

　ここまで牝馬の立場にたってレースレベルの差をみてきました。しかし、牝馬は冬に成績を落とすということは、相対的に牡馬は冬に成績が良くなることが考えられます。実際、牡牝混合戦における牡馬の競走成績を調べると、複勝率、複勝回収率ともに冬が最もパフォーマンスが上がります。

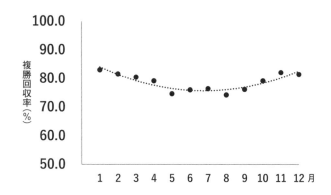

牡牝混合の芝レースにおける開催月ごとの牡馬＆セン馬の成績

　では、牡馬の立場にたって考えてみましょう。牡馬にとって、夏の強い牝馬とレースすることは非常に不利な条件です。すなわち、牡馬からしてみればHレベルなレースになります。一方で、冬はパフォーマンスを落とした牝馬とレースをすることから、こちらは相対的に低レベルのレースです。降格ローテの定義にそって考えれば

　　　　Hレベル：夏の牡牝混合戦
　　　　低レベル：冬の牡牝混合戦

になります。このようにレースレベルに差があるため、牡馬においても降格ローテは成り立つのではないか？と思いますが、私はあえて降格ローテにいれませんでした。

<table>
<tr><td colspan="3">夏の牡牝混合戦→秋~冬の牡牝混合戦ローテにおける前走着順別成績（牡馬）</td></tr>
</table>

前走着順	単勝回収率	複勝回収率
1着	96.9%	85.8%
2~5着	86.8%	80.5%
6~9着	91.9%	78.3%
10~着	82.4%	80.9%

　確かに降格ローテとして成り立つものの、牡馬の降格ローテの場合は同一レースに該当馬が非常に多くなるというデメリットがあります。というのも、牝馬はすべてのレースに出走可能である一方、牡馬は"牝馬限定戦以外"という限られたレースにしか出走できません。そのため、必然的に牡牝混合レースでは牡馬の出走割合が大きくなり、降格ローテ該当馬も多くなります。降格ローテは予想の時間短縮のために作られた馬券術にもかかわらず、なかなか絞れないのであれば価値は半減します。

牡牝混合レース（芝）における性別ごとの平均出走割合

牡馬＆セン馬／60.4%　　牝馬／39.6%

　牡馬の降格ローテにおいて複勝回収率が思ったほど優秀にならないのは、同一レースに複数の該当馬が発生しやすいことが要因の一つでしょう。ただし、夏の牡牝混合→冬の牡牝混合が降格ローテであることは間違いありません。自分で予想する際に意識して損はないデータであると言えます。

馬齢による降格ローテ

降格ローテ④

3歳限定戦 ▶ 3歳以上戦

対象コース 芝・ダート

　4つ目の降格ローテは馬齢に関するものです。馬齢とはすなわち年齢のことであり、JRAが推進する馬齢表記は満年齢を採用しています。これは生まれた年を0歳とし、次の年の1月1日に全馬が等しく年をとる制度です。つまり、競走馬の年齢は誕生日に関わらず、全馬同じように年を取っていきます。

　JRAでは2歳の6月からレースにデビューすることができますが、これは人間でいうとまだまだ15歳前後の若者です。一般的に競走馬は4歳の秋ごろまで成長期と言われ、年齢ごとに能力に差があります。人間においても野球の甲子園は高校生だけの大会です。また、サッカーなどではU20と言われる20歳以下が出場できる試合などがあります。このように年齢によって運動能力が異なるため、特に若い時は年齢限定の試合に出るのが一般的です。

　競馬においても同様に、レースによって年齢による出走制限があります。2歳の時は2歳限定戦に出走し、3歳の時は3歳限定戦に出場するのが一般的です。

　2〜3歳の6月までは同じ世代の馬とレースをするため、メンバーに大きな変化はなくレベル比較は容易になります。イメージとしてはクラシックの皐月賞、ダービーのようなものです。コースや距離こそ違えど、同じ年に生まれた3歳馬同士で対戦することになります。これはクラシックに限らず下級条件も同様であり、3歳限定戦という同一世代同士でのレースになります。

　一方で、3歳6月以降のレースは未勝利戦を除き、主に"3歳以上"という条件がつきます。すなわちこれまで3歳馬同士での対戦だっ

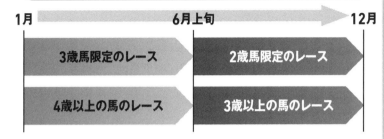

1年間のおおまかなレース体系

| 1月 | 6月上旬 | 12月 |

3歳馬限定のレース → 2歳馬限定のレース

4歳以上の馬のレース → 3歳以上の馬のレース

6月上旬より、3歳馬と古馬が同一のレースで戦うようになる。

たのが、古馬と一緒にレースをすることになるのです。例えば毎年
6月に行われるGⅠ安田記念の馬齢条件は3歳以上です。JRAのホームページでも、レース名のところに3歳以上と書いてありますので確認してみてください。今年（2021年）は3歳馬からシュネルマイスターが古馬に混じって安田記念に出走しました。このように6月以降は一部のレースを除いて、3歳馬と古馬が混じってレースをします。そのため3歳馬にとってみれば3歳6月の前後で戦うメンバーが総入れ替えするのです。いままで戦ってきたメンバーとは大きく異なるためレベル比較が難しく、従ってレースレベルに差が生じやすくなります。ここが今回の降格ローテのねらい目です。

　それでは3歳の6月を境に、レースにどういった変化がうまれていくのか解説していきます。

ここまでのまとめ

・レースごとに馬齢限定などの条件がある
**・未勝利戦を除く3歳馬は、6月以降古馬
に混じってレースに出る**（3歳以上戦という）

降級制度の廃止がもたらした古馬のレースレベルの変化

　ウマ娘から競馬を始めた新規競馬ファンにはなじみのない言葉かと思いますが、2018年までJRAには降級制度がありました。降級制度とは、6月になると4歳馬の収得賞金を半分にする制度です。今でこそ1勝クラス、2勝クラスと勝利数によってクラスの編成がされていますが、以前は収得賞金を基準に500万以下、1,000万以下とクラスが編成されていました。4歳馬の取得賞金を半分にするということは、事実上1つ下のクラスへ降級できることを意味しています。つまり降級制度とは、現在3勝クラスの馬は2勝クラスへ、2勝クラスの馬は1勝クラスへと降級して出走できるシステムでした。そのため、6月以降の条件戦は降級してきた馬が優勢になるのが当たり前でした。

　しかし、JRAは2019年より降級制度を廃止としました。これによって影響を受けたのが古馬の条件戦におけるレースレベルです。例えば降級制度があった年の1勝クラスは、つい先日まで2勝クラスで走っていた馬が多く出走してきました。そのため6月を境に古馬のレースレベルはグンと上がることになります。

　一方で降級制度廃止後の古馬のレースレベルはというと、以前と比べてレベルは低くなりました。以前のように降級してくる馬がいなくなるわけですから、レースレベルが低くなったと考えるのは妥当です。また、前の年からの1年間で、なかなか勝ち切れなかった古馬がそのまま残っていることになります。従って、レースレベルが低くなるのは至極当然といえるでしょう。

ここまでのまとめ

降級制度の廃止で古馬条件戦のレベルは低下した

3歳限定戦のレースレベル

3歳限定戦とは文字通り3歳馬のみが出走できるレースです。年明けの1月から日本ダービーが行われる5月末までの間、3歳馬は3歳限定戦にしか出走することができないことになっています。

3歳馬は新馬戦、もしくは未勝利を勝ち上がった後は1勝クラスに進み、ここを勝ち上がるとオープンクラスに出世します。つまり、クラスは新馬・未勝利→1勝クラス→オープンと大まかに3段階に分けられています。

特に多く組まれているのが新馬・未勝利戦。デビューが遅れて3歳に新馬戦をむかえる馬も多く、昨年（2020年）は1〜5月だけで約600レースの3歳限定新馬・未勝利戦が組まれています。一方で3歳限定の1勝クラスはというと、こちらは古馬とのレース数の兼ね合いで激減しています。古馬にとってみればすでに新馬戦、未勝利戦は組まれていないため、最も下のランクになる1勝クラスが一番多くなるためです。

1〜5月における1勝クラスのレース数（2020年）

古馬（4歳以上）／316レース　3歳限定戦／132レース

3歳馬からしてみれば、約600レースもある新馬・未勝利戦を勝ち上がっても、その先の1勝クラスは132レースと約5分の1しか存在していないことになり、さらに狭き門になっています。比較対象として同時期における古馬の1勝クラス、2勝クラスのレース数はそれぞれ316、208レースです。勝ち上がることで若干レース数が少なくなるとは言え、3歳限定戦ほどではありません。3歳馬にとって1勝クラスはレース数も少ないことから、勝ち上がるチャンスをなかなかもらえない狭き門であり、従ってHレベルになります。

> **1～5月における3歳限定戦のクラス別レース数（2020年）**

オープン／44レース　1勝クラス／132レース
新馬・未勝利／596レース

　特に1勝クラスが狭き門となるのはダートレースです。1～5月における新馬・未勝利のレース数が373レースに対し、1勝クラスは60レースと6分の1以下です。芝は224レースに対し72レースと3分の1程度であることから、いかにダート1勝クラスがHレベルであるか理解できるかと思います。このように3歳限定戦は勝ち上がっても非常に狭き門になることから、相対的にHレベルなレースになります。

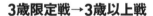

ここまでのまとめ

3歳限定戦はHレベルである

3歳限定戦→3歳以上戦

　降級制度廃止後は下級条件における古馬のレベルが落ちたことがわかりました。また、3歳馬は新馬・未勝利の数に比べ1勝クラス以上のレース数が少ないことから、レースレベルが高くなっていることもわかりました。実際、3歳以上戦において馬齢ごとの成績を見てみると、勝率、複勝率ともに3歳馬が優勢であることがわかります。

3歳以上戦における馬齢別成績		
3歳馬	勝率**13.8%**	複勝率**34.9%**
4歳以上	勝率**8.4%**	複勝率**27.2%**

（降級廃止後の2019年〜2021年7月に限る）

　このように世代ごとにレースレベルが異なるにもかかわらず、6月以降は3歳馬と古馬は3歳以上戦として一緒にレースすることになります。データだけみれば「3歳馬が優秀なのだから、3歳馬を中心に買えばいいのでは？」と、お思いかもしれませんが、それだけでは不十分です。6月以降の下級条件において3歳馬が強いことは、競馬をある程度やっている方にとってはすでに常識レベルになっています。そのため3歳馬というだけで過剰人気しやすく、妙味はないと言っていいでしょう。そこでレースレベルの差だけでなく、妙味にも注目した降格ローテの出番です。

　先ほどのレースレベルについて降格ローテの定義にまとめると

Hレベル戦：3歳限定戦

低レベル戦：3歳以上戦

となります。降格ローテはHレベル戦→低レベル戦のローテーションのことですから、狙いは前走が3歳限定戦の馬。なおかつ前走で6着以下に敗れている馬です。

3歳限定→3歳以上戦における前走着順別成績

芝 2019年~	単勝回収率	複勝回収率	ダート 2019年~	単勝回収率	複勝回収率
1着	82.3%	84.8%	1着	49.4%	62.0%
2~5着	69.7%	78.5%	2~5着	77.6%	78.1%
6~9着	98.2%	80.1%	6~9着	122.2%	106.9%
10~着	95.7%	69.3%	10~着	123.5%	85.6%

　前走が3歳限定戦とHレベルにも関わらず、前走着順のいい馬は回収率が低くなっていることがわかります。これは先ほど述べたように、6月以降の3歳以上戦では3歳馬というだけで過剰人気しているためです。そのため、これまでの降格ローテ同様に、狙いは前走で6着以下に敗れた馬になります。

　また、芝よりもダートの回収率が高くなっていることがわかります。これは3歳限定戦のクラス別レース数から、芝よりもダートのほうが1勝クラスのレース割合が少ないことに起因しています（86ページ参照）。つまり、3歳限定戦は芝よりもダートのほうが勝ち上がった際に狭き門をなることから、相対的にHレベルであるということです。いうなれば、ダートの3歳限定戦→3歳以上戦という降格ローテは、超Hレベル戦→低レベル戦と言い換えることができるため、より一層敗戦馬に妙味が増しているのです。

Sample 8

2021年 6月19日 阪神7R ダート1,400m（不良）
3歳以上1勝クラス

枠	馬	馬名	性齢	単オッズ	人気	前走コース	前走日付	前走着順
1	①	スカーレットジンク	牡3	19.2	9	中京ダ1,400	5月23日	1
1	②	レッドブロンクス	牡4	3.7	1	中京ダ1,400	5月22日	2
2	③	テイエムファルコン	牡4	45.3	12	中京ダ1,400	6月6日	5
2	④	セカンドエフォート	牡8	21.7	11	阪神ダ1,400	4月24日	3
3	⑤	ミッキークイック	牡3	20.6	10	阪神芝1,400	5月2日	10
3	⑥	ロコポルティ	牡3	17.8	7	阪神ダ1,200	3月28日	6
4	⑦	ジャコエマリックン	牡5	231.8	16	中京ダ1,200	5月15日	16
4	⑧	スカイナイル	牝3	58.3	14	中山ダ1,800	4月18日	7
5	⑨	メイショウヘシキリ	牡4	84.1	15	姫路ダ1,400	3月9日	1
5	⑩	タイセイパワーズ	牡4	46.6	13	盛岡ダ1,600	10月3日	1
6	⑪	ワンダーイチョウ	牡3	7.2	3	阪神ダ1,400	4月17日	1
6	⑫	スターズプレミア	牡4	9.2	4	中京ダ1,400	6月6日	2
7	⑬	シゲルホサヤク	牡3	18.2	8	中京ダ1,400	5月9日	8
7	⑭	ジャスパーゴールド	牡3	13.1	5	中山ダ1,200	4月1日	14
8	⑮	レディステディゴー	牡3	13.3	6	中京ダ1,400	5月3日	5
8	⑯	ベンチャーアウト	牡3	3.9	2	中京ダ1,200	5月22日	4

　2021年6月19日阪神7Rはダート1,400mで行われた3歳以上1勝クラスのレース。6月を過ぎたこともあり、3歳馬と古馬が混じった条件戦になりました。阪神は栗東馬の割合が最も多いAランクであることから、降格ローテ①（栗東馬の割合）は使えません。また、牝馬限定戦でもないことから、降格ローテ②（性別の違い）も利用で

きません。そこで、6月以降の1勝クラスダートといえば降格ローテ④の出番です。3歳馬が古馬と混じってレースをするこの時期は、真っ先に降格ローテ④を考えてください。

降格ローテの定義に従って考えると、狙うべきは前走Hレベル戦である3歳限定戦の出走馬。出馬表によっては3歳限定の文字が無い場合もありますが、そもそも3歳馬が5月以前に走ったレースはすべて3歳限定戦になります。このレースは6月が始まってすぐの3週目であることから、出走している3歳馬はすべて前走が3歳限定戦の出走馬でした。この中から前走がダートであり、6着以下と敗戦し、今回が単勝オッズ40倍以下になりそうな馬に絞って考えます。すると該当馬はロコポルティ、シゲルホサヤク、ジャスパーゴールドの3頭です。ここで3頭のBOXで購入しても何も問題はないですが、ここで私が考慮したのは枠順。阪神1,400mダートは外枠が有利なコースですから、内枠にはいったロコポルティよりも、外枠にはいったシゲルホサヤクとジャスパーゴールドを重視しました。結果はジャスパーゴールドが人気薄ながら見事1着。もう1頭期待したシゲルホサヤクは3着に入りました。ロコポルティは着外に敗れてしまいましたが、ワイドでも38.2倍と十分な配当。このように6月は3歳馬が古馬と混じってレースをする絶好の月です。黙って3歳馬の前走敗戦組を狙っていきましょう。

Result

着	馬名	性齢	タイム	位置取り	上3F	人気
1	7⑭ジャスパーゴールド	牡3	1:23.2	②②	36.6	5
2	6⑪ワンダーイチョウ	牡3	クビ	⑤④	36.4	3
3	7⑬シゲルホサヤク	牡3	2	⑨⑦	36.2	8

単 勝	1,310円	馬 単	12,470円
複 勝	490円、240円、630円	ワイド	2,150円、3,820円、2,290円
枠 連	2,300円	3連複	34,430円
馬 連	5,610円	3連単	227,510円

距離短縮による降格ローテ

降格ローテ⑤

芝1,600m以上 ➡ 芝1,200m以下

対象コース　芝

　5つ目の降格ローテはレース距離に関するものです。中央競馬のレースは1,000m～3,600mと様々な距離で行われています。調教師は血統や馬体、走法から、馬ごとに合ったレースに出走させることができるため、どの馬も希望の距離のレースに出ることが可能です。短い距離はスプリント、1,600mをマイル、2,400mをクラシックディスタンス、長距離ならステイヤーと言いますが、それぞれの距離において重賞が組まれているため、馬にあった距離のレースを選ぶことが重要です。とはいえ、その馬にあった距離というのはなかなかわからないもの。そのため、競走馬は長いキャリアの中で様々な距離のレースに出走することになるのが一般的です。距離が異なれば戦うメンバーも異なるため、必然的に距離ごとにレースレベルの差が生じます。この距離ごとによるレースレベルの差が、今回の降格ローテのねらい目です。

　こちらも結論を先に述べると、今回の降格ローテは芝1,600m以上→芝1,200m以下のローテーションです。すなわち、芝1,600m以上ならHレベル、芝1,200m以下なら低レベルとなります。

　今回の降格ローテは芝1,200m以下のレースで使用できるものです。やや使えるレースが少ないかな？と思うかもしれませんが、実は新馬戦を除いた芝1,200m以下のレースは1年間で約300レースも組まれています。新馬戦を除き、1年間に開催される芝レースが約1,500レースであることから、実に5レースに1回は芝1,200m以下のレースなのです。馬券術としては十分適応範囲の広いものと言えるでしょう。

　ではこれまでと同様に、距離によるレースレベルの差がどのよう

に生まれるのか解説していきます。

距離によって
レースレベルに差がある

競走馬はダービーを目標に生産される

　競馬をはじめたばかりの方でも一度は聞いたことがある日本ダービー。世代の頂点を決めるレースであり、3歳限定戦であることから一生に一度しか出走することができません。2021年現在、1着賞金は2億円という国内では3番目の賞金の高さや、ダービージョッキー、ダービーオーナーなど、勝った経験のある者だけが許されるダービーの称号のため、競馬関係者の最大の目標になっています。

　そもそもサラブレッド（Thoroughbred）はThorough（完璧な、徹底的な）+bred（品種）を語源とする、人為的に管理された品種です。その語源の通り、最も速いと言われる馬同士を"徹底的に"配合することで、競走能力に優れた品種にしていくことが目的とされています。各国で開催されるダービーは、世代で最も速い馬を見定めることが目的に開催されてきたレースでもあります。ダービーに勝利した馬は将来種牡馬になることが約束され、サラブレッドの宿命のために子孫を残していくのです。

　そのため、ダービー勝利は馬主、調教師の悲願はもちろん、この世に生をうけたサラブレッドの目指すべきところでもあるのです。

　日本で行われる日本ダービーは芝2,400mで行われます。生産者も日本ダービーで勝つことを目標として種付けをするため、日本のサラブレッドは芝2,400mで勝てる配合が主になっていきます。出馬表の父欄をみると、ディープインパクトやドゥラメンテ、キズナ

など、過去にダービーを勝った馬が多いことがわかると思います。そのため、必然的に競走馬のレベルが高くなるのは芝2,400mを含む中距離です。これは強い馬同士を配合するというサラブレッドの基本原理から、ある意味必然といえることでしょう。

ここまでのまとめ

・主な競馬関係者の目標は日本ダービー
・日本は芝の中距離のレベルが高い

距離変動による競走能力への影響

先ほどは血統背景から距離ごとのレースレベルについて言及しました。それでは、実際に距離ごとのレースレベルを比較するため、前走からの距離変動をみていきます。例えば前走が1,200m、今走が1,600mのレースに出た場合、前走から距離を延ばしているため距離延長、逆に前走よりも短い距離であれば距離短縮としています。一般的に競馬においては、距離短縮ローテが好走率および回収率の面から優勢になります。

前走からの距離変動別の成績

	勝率	複勝率	単勝回収率	複勝回収率
距離短縮	10.8%	31.4%	82.3%	82.7%
距離延長	10.3%	29.8%	80.4%	78.6%

そもそもサラブレッドは草食動物なので、長距離を走ることを目的としていません。「ライオンが襲ってきた！」という状況で「いったんペースを緩めて長距離戦に備えよう」なんて思うはずもなく、

全力で逃げることに特化しています。そのため、距離を短縮するというのは生物学的にも、競走馬のメンタル面においても楽になるため、距離短縮が有効なのです。

さらに、今走のレース距離ごとに距離変動の影響をみていくと興味深いことがわかります。レース距離は1,200m以下、1,300〜1,800m、1,900m以上に分けています。

前走からの距離変動別成績（単40倍以下）

芝	距離短縮				距離延長			
今走距離	勝率	複勝率	単回値	複回値	勝率	複勝率	単回値	複回値
〜1,200m	10.0%	28.6%	89.1%	84.7%	7.4%	22.4%	83.4%	73.2%
1,400〜1,800m	11.7%	33.5%	78.6%	81.6%	9.9%	29.1%	83.1%	78.1%
1,900m〜	12.2%	34.4%	84.2%	81.1%	11.1%	32.4%	77.8%	79.4%

ダート	距離短縮				距離延長			
今走距離	勝率	複勝率	単回値	複回値	勝率	複勝率	単回値	複回値
〜1,200m	10.1%	30.2%	81.3%	84.5%	9.7%	27.4%	77.5%	75.8%
1,300〜1,800m	10.5%	30.6%	82.0%	81.9%	9.9%	28.4%	83.4%	78.6%
1,900m〜	10.4%	32.3%	88.4%	85.7%	10.6%	31.1%	72.2%	79.3%

なお、全体的に短距離にいくほど勝率や複勝率が低いのは、平均出走頭数が多いことが要因です。そのため今回は同一距離における距離延長、距離短縮での数値を比較しています。

基本的には、どの距離においても距離短縮ローテの好走率が高いのはこれまで説明してきた通りです。距離延長と比較し、勝率であれば約1%、複勝率であれば約2〜3%ほど距離短縮が優勢ですが、とりわけ距離短縮ローテが有効な距離がひとつあります。それが芝

1,200m以下です。

　見ての通り、今走が芝1,200m以下の時だけ、勝率で約3%、複勝率にして約6%も距離短縮ローテが有効なのです。この要因を断定することは難しいですが、考えられる要因の1つとして芝1,200m以下が低レベルである可能性があります。

　前述の通り、日本の競馬は芝中距離を目標に競走馬が生産され、必然的に中距離路線のレベルが高くなっています。逆説的に考えれば、芝1,200m以下は相対的にレベルが低くなっているということです。この仮説を支持するように、昨今の芝1,200mGⅠはロードカナロア以来の絶対王者は不在となっています。そしてクリノガウディーやグランアレグリア、レシステンシアといった非スプリント組が1,200mGⅠで好走しています。これは、芝1,200m路線のレベルが低いため、他の路線組が優勢になっている1つの例と言えるでしょう。

ここまでのまとめ

・距離短縮ローテが有効
・芝1,200m以下のレベルは低い

芝1,600m以上→芝1,200m以下

　以上より、日本の競馬は芝中距離を目標に生産されることから、芝中距離のレベルが高いことがわかりました。また、相対的に芝1,200m以下は低レベルになり、距離短縮のローテが有効であることがわかりました。このように距離ごとにレースレベルに差があることから、降格ローテが有効であることがわかります。降格ローテの定義に従って表記するのであれば

Hレベル：芝の中距離（芝1,600m以上）
低レベル：芝1,200m以下

ということになります。従って、距離の違いに着目した降格ローテ
⑤は芝1,600m以上→芝1,200m以下のローテーションになります。

今走、芝1,200m以下&前走1600m以上、距離短縮ローテの前走着順別成績		
	単勝回収率	複勝回収率
1着	131.4%	85.7%
2〜5着	67.3%	63.7%
6〜9着	102.6%	86.4%
10〜着	101.6%	105.4%

　狙いはもちろん、前走で6着以下に敗れた妙味のある馬になりま
す。特に1,600m以上のレースから芝1,200m以下へのローテーショ
ンは400m以上の距離短縮になることから、一般的にレースレベ
ルの比較が難しくなっています。また、予想者心理からも大幅な距
離短縮は「追走に苦労するのではないか？」「スタートで負けてしま
うのではないか？」と嫌われがちです。しかし、実際には1,600m
以上組のほうが絶対能力が上の場合が多く、多くの人が考えられる
以上に1,200mも対応できる場合がほとんどです。そのため、降格
ローテ⑤は回収率だけでも非常に優秀といえる数値になっています。
多くの人が疑ってしまう大幅な距離短縮ローテだからこそ、より一
層妙味が大きくなるのです。

20年高松宮記念でもマイル路線を歩んでいたクリノガウディーが1着入線。

2021年 4月17日 中山6R 芝1,200m（良）
3歳1勝クラス

枠	馬	馬名	性齢	単オッズ	人気	前走コース	前走通過順	前走着順
1	①	ルミナスライン	牝3	16.7	6	中山芝1,200	4-4	3
1	②	ジャズエチュード	牝3	3.3	1	中山芝1,600	1-1-1	1
2	③	グレイトミッション	牝3	55.1	10	中山ダ1,200	12-13	16
2	④	カモミールティー	牡3	95.4	13	中山ダ1,200	7-7	11
3	⑤	トランザクト	牡3	32	9	中山ダ1,200	2-2	1
3	⑥	キモンブラウン	牝3	63.3	11	新潟芝1,400	1-1	9
4	⑦	ナンヨーローズ	牡3	16.5	5	中山芝1,200	10-10	8
4	⑧	タイガーリリー	牝3	22.9	7	中山芝1,200	4-4	3
5	⑨	メインターゲット	牝3	4.6	3	中山芝1,600	2-6-7	7
5	⑩	クムシラコ	牡3	30.5	8	中山芝1,200	7-9	4
6	⑪	フレンドパル	牝3	74.3	12	中山芝1,200	2-3	9
6	⑫	リュウノメアリー	牝3	398.2	16	東京芝1,400	1-1	16
7	⑬	オリアメンディ	牝3	133.2	14	東京芝1,400	4-5	8
7	⑭	ショウナンラスボス	牝3	5.2	4	中山芝1,200	2-2	2
8	⑮	テネラメンテ	牝3	3.9	2	中山芝1,200	2-2	2
8	⑯	マルス	牡3	389.5	15	中山ダ1,200	8-9	15

　2021年4月17日中山6Rは芝1,200mで行われた1勝クラス。4月に行われた芝レースであることから、夏は牝馬の格言は使えません。また、3歳限定戦のため馬齢の降格ローテも使えません。そこで距離が1,200mであることから、距離変動の降格ローテ⑤が使えることがわかります。降格ローテ⑤は芝1,600m以上→芝1,200m

以下のローテーションのことでした。芝1,200m以下戦において前走で芝1,600m以上を使われている馬は少ないので、該当馬がいれば非常に絞りやすくなります。

　このレースも前走1,600m以上で走っていた馬は2頭。その中で前走6着以下と妙味も考えられた馬はメインターゲット（前走芝1,600m7着、4.6倍）の1頭のみです。オッズ的にはやや低くなりましたが、それでも3番人気。1,2番人気は非降格ローテ該当馬なので相対的にも妙味は高くなりますし、メインターゲットはメンバー的にもHレベルなクイーンC経由馬でもあるため自信の本命でした。結果は外から危なげなく差し切って1着。このように降格ローテ⑤は該当馬も少なくなるため、予想の軸として考えやすいので非常にオススメです。

Result

着	馬名	性齢	タイム	位置取り	上3F	人気
1	**5** ⑨ メインターゲット	牝3	1:08.8	7 7	34.4	3
2	**7** ⑭ ショウナンラスボス	牡3	1/2	5 5	34.7	4
3	**4** ⑧ タイガーリリー	牝3	1/2	5 5	34.8	7

単　勝	460円	馬　単	2,270円
複　勝	220円、200円、450円	ワイド	530円、1,870円、1,660円
枠　連	1,200円	3連複	9,260円
馬　連	1,180円	3連単	31,870円

芝・ダートによる降格ローテ

降格ローテ⑥

(芝（3コーナー10番手以下） ▶ ダート)　対象コース　ダート

　6つ目の降格ローテは芝、ダートによるものです。JRAが主催する中央競馬は芝、ダートの2種類のトラックコースがあります。米国ではダート競馬が主体であり、欧米では芝コース、ドバイではオールウェザーなど、トラックの種類は各国様々です。これは開催国の気候の適したトラックを採用している背景があり、とくに芝の生育が難しい場所ではダートやオールウェザーが使用されています。

　日本の中央競馬も北は北海道、南は九州と気候が大きく異なるため、養生されている芝の種類も大きく異なりますが、ここでは同一のものとして扱います。

　ここも先に結論を述べると、降格ローテは芝→ダート替わりに

芝からダートへ転戦し、根岸S→フェブラリーSを連勝したモズアスコット。

なります。記憶に新しいものでは2020年の根岸Sで、芝GⅠの安田記念を勝利していたモズアスコットが初めてのダート競馬で勝利。勢いそのままに同年のダートGⅠフェブラリーSを制覇しました。とはいえ、芝→ダートのローテーションのほとんどは下級条件のことであり、オープンクラス以上では滅多にみません。

それでも昨年（2020年）における芝→ダート替わりの馬は計3,068頭も出走していました。さらにこれらダート替わりの馬をベタ買いすると単勝回収率は113%。年ごとのダート替わりの成績はその年の種牡馬（産駒数）に影響を受けるので、さすがに今後もプラスが続くとは思っていません。しかし、ダート替わりの出走頭数的にも、回収率的にも、勉強して損のないローテーションであることがわかるでしょう。

それでは早速、芝とダートの違いによるレベル差について解説していきます。

ここまでのまとめ

・**中央競馬のトラックは芝とダートがある**
・**芝とダートではレベルが異なる**

競走馬はダービーを目標に生産される

見たことある見出しだな？と、お思いの方は大正解です。距離変動に関する降格ローテ⑤で学んだことと同様に、芝・ダートについても種牡馬について考えると理解しやすくなります。

前章で述べたことと重複しますが、日本の競馬は主に日本ダービーを目標に競走馬の生産を行っていることから、芝レースのほうがレベルは高くなります。そもそも中央競馬におけるダートGⅠはフェブラリーSとチャンピオンズCの2レースのみ。一方で芝のG

Ⅰレースは年間で22レースと10倍以上の差があります。「2-4 馬齢による降格ローテ」でも述べたように、ダートの上級条件はレース数が少ないことからも、ダートを目的とした競走馬作りでは賞金獲得の面でも難しくなります。

実際に今年（2021年）の種牡馬成績をみてみると、ダートの勝利数ランキング上位も芝系種牡馬が多くランクインしています。

牡馬混合戦→牝馬限定戦ローテにおける前走着順別成績

芝 順位	種牡馬	ダート 順位	種牡馬
1	ディープインパクト	1	ヘニーヒューズ
2	ロードカナロア	2	ロードカナロア
3	ハーツクライ	3	キズナ
4	キズナ	4	ルーラーシップ
5	ルーラーシップ	5	オルフェーヴル
6	エピファネイア	6	ハーツクライ
7	キングカメハメハ	7	シニスターミニスター
8	オルフェーヴル	8	ダイワメジャー
9	モーリス	9	キンシャサノキセキ
10	ダイワメジャー	10	キングカメハメハ

なかでもロードカナロア、キズナ、ルーラーシップ、ハーツクライ、キングカメハメハ、オルフェーヴル、ダイワメジャーは芝、ダートの両方のTOP10に入っています。これら種牡馬は現役時代に芝GⅠを勝ち上がった名馬です。そのため芝系種牡馬といえますが、ダートでも活躍できてしまうのが今のダート界のレベルを物語っているといえるでしょう。

また、ダート→芝、および芝→ダートといったトラック変更時の成績をみてみると、芝→ダートのローテーションのほうが優秀であることがわかります。

トラック替わりの成績		
ダート➡芝	勝率6.7%	複勝率21.0%
芝➡ダート	勝率9.3%	複勝率25.3%

このように日本競馬は芝がHレベル、ダートが相対的に低レベルであることがわかります。

ここまでのまとめ

芝はHレベル、ダートは低レベル

前走のポジションがもたらす影響

種牡馬と生産の観点から、どうやら芝レースのほうがHレベルであることがわかりました。また、相対的にダートは低レベルであることがわかりました。これを降格ローテに従って表記すると

Hレベル:芝レース
低レベル:ダートレース

になります。しかし、このまま6着以下の馬を狙っても、数値的にはそこまで優秀でないことがわかります。

	単勝回収率	複勝回収率
芝→ダートローテの前走着順別成績		
1着	48.6%	52.8%
2〜5着	74.2%	69.9%
6〜9着	87.6%	76.7%
10〜着	89.5%	86.7%

　前走6着以下の単勝回収率は平均の80％を超える値になっていますが、複勝回収率はそこまで優秀な値ではありません。これは、特に3歳の未勝利戦においてトラック替わりの馬が増えることが要因の1つとして考えられます。同一レースに複数の芝→ダート経由の馬がいることから、ベタ買いでは回収率の向上は難しくなっているのです。そこで今回はもう一つ条件を付けて紹介します。それは3コーナー順位です。

　コーナー順位とはレース中にコーナーを通過した順番のことを意味します。一般的な出馬表では「5543」のように4つの数字で表記されており、左から順に1コーナー順位、2コーナー順位、3コーナー順位、4コーナー順位となります。条件に追加している3コーナーは、向こう正面の直線からコーナーに入るところです。一般的には道中のポジションがそのまま反映されることから、脚質の定義にも使われます。よって、3コーナー順位が低い≒逃げ、先行。3コーナー順位が高い≒差し、追い込みとなるので、難しいと思った方は脚質で判断しても問題ありません。

　一般的にダート競馬は逃げ、先行が有利なことから、ダート替わりでは芝で先行できた馬を狙えといわれます。3コーナー順位で言えば、2や3のように数値が小さい馬のことです。実際にgoogleで「ダート替わり　狙い目」で検索すると、検索上位には芝で先行していた馬を狙うべきと書いてあるホームページも散見されます。し

かし、実際に調べてみるとむしろ前走の3コーナー順位が悪い馬ほど、回収率が優秀になっていることがわかります。

ダート替わり、前走3コーナー順位別成績

3コーナー順位	単勝回収率	複勝回収率
1番手（逃げ）	66.7%	66.5%
2～5番手	88.9%	78.8%
6～9番手	77.8%	77.0%
10～番手	96.1%	88.2%

このように、前走で3コーナー10番手以下の馬の回収率が最も高くなっています。コーナー順位がわからない人のために脚質で考えるなら、差し追い込みの馬です。もちろん、好走確率が高いのは逃げ、先行馬ですが、妙味は別。競馬は逆張りが鉄則です。

一般的に先行馬がいいと思われているからこそ、そこに妙味はありません。儲けたいなら、人の裏をつく"逆張り"が競馬の大前提です。そもそも個人的な感覚の話になりますが、芝で先行できてしまう馬は芝に対応できるスピードを持ち合わせている場合がほとんどだと思います。能力はあるものの、芝のスピードについていけず後方からの競馬になってしまう馬だからこそ、ダート替わりで妙味が生まれるのです。

実際に前走芝コースにおける3コーナー順位と、今走がダートコースにおける3コーナー順位を比べると、ダート替わりによってポジションが上がっている馬が多くなります。

芝→ダートにおける3コーナー順位の比較	
ポジションが上がった馬	46.6%
同ポジション	10.2%
ポジションが下がった馬	43.2%

　数字上は大差がないように見えますが、単勝40倍以内でダート替わりしてくる馬の大半は芝で先行していた馬です。

芝→ダートにおける前走3コーナー順位別の出走頭数

前走3コーナー順位	頭数	前走3コーナー順位	頭数
1	695	10	410
2	1,018	11	374
3	826	12	328
4	688	13	274
5	682	14	250
6	591	15	199
7	579	16	136
8	509	17	67
9	436	18	44

　つまり、ポジションをこれ以上上げる余地がないにも関わらず、上記のようにポジションを上げる馬が多いというのは、数字以上に意味のあるデータです。このデータからも、芝のスピードについていけなかった馬こそがダートで先行する可能性を秘めており、そこに妙味が生まれていることがわかるでしょう。

　また、この仮説を支持するように、逆にダート→芝替わりの場

合は前走で3コーナー順位のいい馬ほど回収率が高くなっています。これはおそらく、芝替わりの場合は芝に対応できるスピードがある≒ダートで先行できるという図式が成り立つため、ダートで先行できていなかった馬は好走しにくいことが考えられます。

ダート→芝における前走3コーナー順位別成績

3コーナー順位	単勝回収率	複勝回収率
1番手(逃げ)	94.9%	75.5%
2～5番手	91.7%	82.1%
6～9番手	84.3%	87.7%
10～番手	77.3%	74.9%

　この結果からも芝においては「芝のスピードに対応できるか」という観点が大事であり、そのスピードに対応できなかった（3コーナー順位の悪い）馬がダート替わりで好走していると言えます。

ここまでのまとめ

芝のスピードについていけず、後方になった馬のダート替わりがねらい目

ダート替わりで回収率が上がる条件

　ダート替わりの条件としてコーナー順位を採用しました。これは回収率が向上するというのも理由の一つですが、逆張りの精神を学ぶためにちょうどいいと思ったためです。ダ替わりで回収率を向上させる方法はいくつもありますが、煩雑化するために降格ローテでは省略しています。

　例えば「2-5 距離短縮による降格ローテ」では芝の1,200m以下よりも芝中距離のほうがHレベルであることを学びました。そのため芝1,600m以上→芝1,200m以下の降格ローテが成り立ったのです。つまり芝→ダートの降格ローテにおいても「芝1,200m以下→ダート」と「芝1,600m以上→ダート」では、レベル差が異なることになります。いうなれば芝1,200m以下→ダートへの降格ローテはHレベル→低レベルに対し、芝1,600m以上→ダートは超Hレベル→低レベルになります。より一層レースレベルに差ができることから、回収率が向上するというのは理解しやすいでしょう。

　他にもダート競馬では枠番の有利不利や、馬体重など、様々なファクターを組み合わせればさらに精度のいいものにすることは可能です。これは降格ローテの定義のみならず、その背景にあるデータも理解していれば、自分なりに応用してよりいい予想にできる一例といえます。

前走距離別、芝→ダートの成績				
	前走1,600m以上		前走1,200m以下	
	単勝回収率	複勝回収率	単勝回収率	複勝回収率
1着	82.9%	58.4%	0.0%	57.0%
2〜5着	82.9%	75.4%	69.6%	59.4%
6〜9着	95.8%	78.6%	68.0%	68.5%
10〜着	95.7%	86.6%	85.5%	82.8%

芝（3コーナー10番手以下）→ダート

　以上からダートよりも芝のほうがHレベルであること。また、芝のスピードについていけなかった馬ほど妙味が生まれているということがわかりました。これを降格ローテの定義に従って表記するのであれば芝（3コーナー10番手以下）→ダートとなります。

芝（3コーナー順位10番手以下）→ダートローテの前走着順別成績

	単勝回収率	複勝回収率
1着	140.6%	60.0%
2~5着	40.5%	48.1%
6~9着	93.6%	89.5%
10~着	102.8%	91.9%

　重複になりますが、コーナー順位が載っていない出馬表を使うのであれば芝→ダートの差し、追い込み馬も同様の結果になります。特にトラック替わりが頻発する未勝利戦では、購入する馬の選択肢の1つとして重宝する馬券術になるでしょう。

2021年 3月27日 中京11R ダート1,400m（良）
名鉄杯（4歳上・OP）

枠	馬	馬名	性齢	単オッズ	人気	前走コース	前走通過順	前走着順
1	①	ヒラソール	セ5	50.5	14	中山ダ1,200	16-16	15
1	②	ペプチドバンブー	牡6	23.5	10	新潟芝1,600	16-16	13
2	③	メイショウアリソン	牡7	40.6	12	中山ダ1,200	3-3	5
2	④	ドリュウ	牡6	23.1	9	東京ダ1,400	14-14	5
3	⑤	デターミネーション	牡5	10.0	6	阪神ダ1,400	10-11	12
3	⑥	カタナ	牡6	46.6	13	中京ダ1,400	5-8	14
4	⑦	ジョルジュサンク	牡8	158.7	16	京都ダ1,400	10-11	6
4	⑧	シャインガーネット	牝4	5.6	3	阪神芝1,400	7-5	5
5	⑨	アヴァンティスト	牡5	4.2	1	阪神ダ1,200	10-9	9
5	⑩	イッツクール	牡5	9.0	5	中京ダ1,400	1-1	1
6	⑪	メイショウウズマサ	牡5	19.5	7	東京ダ1,400	8-8	11
6	⑫	ハーグリーブス	牡6	8.5	4	中京ダ1,400	9-11	3
7	⑬	ヨハン	牡5	52.8	15	阪神ダ1,400	7-7	15
7	⑭	フォーテ	牡4	21.8	8	東京ダ1,400	6-6	13
8	⑮	クリノガウディー	牡5	4.8	2	阪神芝1,400	3-3	9
8	⑯	フィールドセンス	牡7	35.8	11	阪神ダ1,200	5-4	7

　2021年3月27日中京11Rはダート1,400mで行われたオープン、名鉄杯です。これまでの降格ローテをもとにねらい目となる馬を探していきます。まず降格ローテ①より、中京はBランク競馬場であることから、前走がAランクである阪神、京都の馬はねらい目です。ここでは前走Aランク＆前走6着以下に敗れた馬は4頭出走

していました。その中で単勝40倍以下と常識的なオッズの範囲になりそうなのがアヴァンテイスト、デターミネーション、フィールドセンスの3頭です。しかし、これら3頭に共通することが、前走でハンデ戦に出走しているということ。次項の降格ローテ⑦で詳しくお話しますが、一般的にハンデ戦は別定戦よりも低レベルになります。ただでさえAランク→Bランクはレベル差が少ないのにも関わらず、ハンデ戦→別定戦のローテではレベル差はさらに少なくなり、降格ローテ的にも強く推すことはできません。

次に前走が芝組に焦点を当て、降格ローテ⑥に該当する馬を探します。前走が芝コースで6着以下、さらに3コーナーが10番手以下の馬を探すとペプチドバンブー1頭だけになります。なお、大手競馬サイトであるnetkeibaの出馬表でも、ペプチドバンブーの脚質は差しとなっていましたので、脚質から判断しても問題ありません。同様に前走芝コースで9着だったクリノガウディーは2番人気と人気しています。それもそのはず。前走の3コーナー順位は3番手と先行しており、予想者心理からもダート替わりが良さそうに見えるからです。競馬は逆張りの精神が大事。好走確率は高いかもしれませんが、人気もしており妙味はありません。

一方でペプチドバンブーは近3走がすべてGⅢで走っており、重賞→オープンと降級していることからも、前走以上に楽なメンバーになることは明白です。また、中京ダートは例外として内枠も使えるダートコースであり、1枠であってもマイナス評価ではありません。迷わずこちらを本命として推奨しました。

結果は最内から差してきたペプチドバンブーが2着以下を突き放して圧勝。単勝10番人気という低評価ながらも推奨できたのは、降格ローテの恐ろしさともいえるでしょう。

着	馬名	性齢	タイム	位置取り	上3F	**Result** 人気
1	**1**② ペプチドバンブー	牡6	1:23.3	⑬⑫	36.9	10
2	**7**⑭ フォーテ	牡4	2.1/2	⑤⑤	38.2	8
3	**1**① ヒラソール	セ5	3/4	⑫⑫	37.5	14

単　勝	2,350円	馬　単	48,560円
複　勝	670円、810円、1,100円	ワイド	6,460円、13,490円、13,100円
枠　連	9,340円	3連複	340,010円
馬　連	24,060円	3連単	1,718,740円

ハンデ戦による降格ローテ

降格ローテ❼

> ハンデ戦以外 ▶ ハンデ戦　　　対象コース｜芝・ダート

　最後の降格ローテはハンデ戦に関するものです。ハンデ戦とは出走馬の実績に応じて負担重量（＝斤量）を決め、どの馬も均等に勝利できるように組まれたレースのことです。反対に事前に負担重量が決められているレースを別定戦や定量戦といいます。負担重量とは競走馬が背負わなければいけない重量のことであり、一般的に出馬表では騎手の隣に書いてある48〜63までの数字が負担重量になります。なお、ここでは実績に応じて負担重量が決まるレースを「ハンデ戦」、事前に負担重量が決められているレースを「ハンデ戦以外」としています。

ハンデ戦は実績のない馬が出走したいレース

　日本のハンデ戦はJRAのハンデキャッパーによって決められ、主

ブラストワンピースはハンデ戦の目黒記念で大敗。次走、別定の札幌記念で巻き返し。

に古馬の2勝クラス以上で組まれています。どの馬にも勝つチャンスが与えられるよう、実績のある馬ほど重い負担重量を、実績のない馬ほど軽い負担重量を背負います。従って、すでにGⅠの勝利経験があるような実績馬は負担重量が重くなるため、ハンデ戦に出走してこない場合がほとんどです。最近では2019年の目黒記念にブラストワンピース（2018年有馬記念1着）が出走し、斤量59.0kgを背負い8着に敗戦しました。他にも、同級で2、3着と馬券になった経験のある馬は重い負担重量を背負わされることが多くなります。

　一方で実績のない馬にとってみればハンデ戦は大チャンスです。ハンデ戦以外では実績に関わらず同じ負担重量を背負いますが、ハンデ戦になれば他馬よりも軽い負担重量で出走可能です。馬によっては48.0kgでも出走が可能なため、普段よりも7.0kg近く軽い斤量で出走できる場合もあるのです。

　このようにハンデ戦は、実績のある馬にとってみれば避けたい

レースであり、実績のない馬にとってみれば出走したいレースです。そのため、他のレースと比較して低レベルのレースになります。一方でハンデ戦以外のレースは、実績のある馬は出走したいレースであり、実績のない馬にとってみれば勝てるチャンスも少なくなるため、避けたいレースになります。よって、ハンデ戦以外は相対的にＨレベルなレースになるのです。

ここまでのまとめ

・ハンデ戦は
　実績に応じて負担重量が決定する
・ハンデ戦は低レベル、
　ハンデ戦以外はＨレベル

ハンデ戦以外→ハンデ戦

以上のことを降格ローテの定義に従って表記すると

Ｈレベル戦：ハンデ戦以外

低レベル戦：ハンデ戦

となります。降格ローテはＨレベル戦→低レベル戦のローテであることから、狙うべきはハンデ戦以外→ハンデ戦の経由馬です。

ハンデ戦以外→ハンデ戦における前走着順別成績

	単勝回収率	複勝回収率
1着	77.3%	84.2%
2〜5着	66.9%	75.1%
6〜9着	92.5%	81.2%
10〜着	101.8%	97.1%

　妙味のある馬はこれまで同様6着以下です。しかしパッと見、回収率はそこまで優秀な値でないと思うかもしれません。これはハンデ戦において前走ハンデ戦以外の該当馬がかなり多くなることが要因です。逆の言い方をすれば、該当馬が非常に多いにもかかわらず、ベタ買いをしても90％近い回収率を出せるということです。これを予想の際に意識しない手はないでしょう。

2021年 3月21日 阪神10R ダート1,200m（不良）
なにわS（4歳上・3勝クラス・ハンデ）

枠	馬	馬名	性齢	単オッズ	人気	前走コース	前走条件	前走着順
1	①	イモータルスモーク	牡4	22.3	8	阪神ダ1,400	別定戦	7
1	②	ヒルノサルバドール	牡8	5.0	3	中山ダ1,200	ハンデ戦	2
2	③	ダノンジャスティス	セ5	87.5	15	新潟ダ1,200	別定戦	10
2	④	テルモードーサ	牝5	19.4	7	阪神ダ1,200	別定戦	15
3	⑤	スナークスター	セ5	11.1	5	中山ダ1,200	ハンデ戦	11
3	⑥	メイショウハナモリ	牡5	3.4	1	中京ダ1,200	別定戦	3
4	⑦	マローネメタリコ	牝6	43.0	11	中山ダ1,200	別定戦	1
4	⑧	ツウカイウイング	牡6	53.4	13	阪神ダ1,200	別定戦	8
5	⑨	プレシャスルージュ	セ9	13.6	6	中京ダ1,400	ハンデ戦	9
5	⑩	メリーメーキング	牡5	24.4	9	小倉芝1,200	ハンデ戦	4
6	⑪	シアーライン	セ8	110.7	16	中山ダ1,200	別定戦	11
6	⑫	メディクス	牡5	9.2	4	中山ダ1,200	ハンデ戦	6
7	⑬	ヨドノビクトリー	牡7	41.9	10	中京ダ1,400	別定戦	15
7	⑭	バーニングペスカ	牡6	4.3	2	阪神ダ1,200	別定戦	2
8	⑮	コンセッションズ	牝6	50.1	12	中山ダ1,200	ハンデ戦	10
8	⑯	メイショウラビエ	牝6	67.6	14	阪神芝1,600	別定戦	12

　2021年3月21日阪神10Rはダート1,200mで行われる3勝クラスのハンデ戦。阪神競馬場の栗東馬の割合は最も多いAランクのため、降格ローテ①は使えません。ここで使える降格ローテは前走が芝レースの降格ローテ⑥と、前走ハンデ戦以外が該当する降格ローテ⑦になります。前走芝レース＆6着以下の降格ローテ該当馬はメ

イショウラビエ（前走芝レース12着の追い込み馬）が該当するものの、単勝14番人気67.6倍と軸には不向きなオッズ帯です。一方で前走ハンデ戦以外＆6着以下の馬である降格ローテ⑦はイモータルスモーク（前走ハンデ戦以外7着、22.3倍）、テルモードーサ（前走ハンデ戦以外15着、19.4倍）の2頭が常識的なオッズの範囲で該当します。後者のテルモードーサは冬にパフォーマンスを落とす牝馬であり、今回の相手は牡馬混合戦。距離が1,200mと短いとはいえ、ダート戦であればやや割引になります。一方で前者のイモータルスモークは特に文句のないローテーション。ダート戦とはいえ、距離短縮ローテなのはむしろプラスと考えられます。結果はイモータルスモークが突き抜けて完勝。降格ローテの定義はもちろんですが、背景にあるデータをしっかりと勉強することで1頭に絞ることが可能なレースになりました。

　また、私はあえてハンデ戦では負担重量の変化については触れてきませんでした。これはそもそも降格ローテ該当馬であるハンデ戦以外→ハンデ戦のローテーションで、かつ前走が6着以下であればおのずと負担重量が軽くなることがデータ上織り込まれているためです。そのため負担重量に関する考察は行う必要がなく、あくまでも大事なことは降格ローテに該当するか、しないかということだけです。

Result

着	馬名	性齢	タイム	位置取り	上3F	人気
1	**1**① イモータルスモーク	牡4	1:10.6	13 12	35.3	8
2	**6**⑪ シアーライン	セ8	1.1/4	5 5	35.6	16
3	**1**② ヒルノサルバドール	牡8	クビ	12 12	35.3	3

単　勝	2,230円	馬　単	100,640円
複　勝	600円、2,290円、210円	ワイド	20,140円、1,820円、8,030円
枠　連	2,140円	3連複	118,410円
馬　連	74,950円	3連単	946,460円

Column 08

前走同一条件で好走した馬

　降格ローテはレース条件の違いに着目し、レース間のレベルの差から狙い馬を見つける馬券術です。つまり狙うべき馬の大半は条件替わりの馬になります。

　例えばダート→芝替わりの馬や、栗東馬の割合に着目した阪神→東京替わりなど、降格ローテは前走と違った条件に出てきた馬を買うことが多いのが特徴です。これはレース条件の変化によって正しくレースレベル評価できない人が多いため、パリミュチュエル方式のギャンブルという観点からも非常に合理的であると言えます。そして逆説的に考えれば、前走が同条件で好走した馬は軽視すべきということになります。

　一般的な予想者心理から、同一条件における好走はわかりやすい指標です。例えば東京芝1,600mを予想する際、前走成績が「東京芝1,600m 2着」という馬がいたとします。この馬は誰が見ても東京芝1,600mに適性があり、好走する可能性が高いと判断しやすくなります。しかし、実際に好走確率が高くなるのは事実ですが、妙味の面でいえば過剰人気傾向になります。なぜなら、だれが見ても好走しそうと思えるからです。

前走1～3着馬の条件別成績				
	勝率	複勝率	単勝回収率	複勝回収率
同条件	17.1%	44.1%	69.9%	75.9%
別条件	15.5%	40.2%	71.9%	77.1%

　数字だけ見ると大した差はないと思うかもしれませんが、前走同条件で好走した馬の大半は人気馬です。パリミュチュエル方式のギャンブルは、外れる人が多いほど妙味を取りやすくなることから、人気馬で回収率を上げていくのは非常に難しくなります。そのため、すでに平均回収率の80％を切っている"前走同条件で好走馬"をわざわざ重視するのは、長期的に見てプラス収支にする難易度は上がってしまうのです。競馬は「人の逆をつけ」とはまさにこのことで、予想の指標になりやすいからこそ、あえて軽視するのです。

　また、そもそも適性というのはあくまでも好走率をベースに語っている指標であり、回収率ベースで考えるべきものではありません。前述の通り「東京芝1,600mに適性がある」というのは「東京芝1,600mに適性があるので買えば儲かる」ということではないのです。

　このように前走が同条件好走馬は予想の際に重視する必要はないと考えています。ただし複勝率、複勝回収率はそれなりにあることから、拾うのであれば相手までと考えるのが無難でしょう。本命（軸馬）はもちろん、降格ローテ該当馬から選ぶのが賢明であると考えます。

降格ローテクイズ！

　ここまで7つの降格ローテを学んできました。降格ローテは
レース条件について深く言及した馬券術のため、何度も何度も
読み込むことで競馬の知識が格段にアップします。また、降格
ローテを完璧に理解した方は、レース条件を見ただけでどうい
った思考で予想すべきか思い浮かぶはずです。それは紛れもな
くあなたの予想の軸になり、ブレない予想の第一歩となるので
しょう。そこで、復習のためクイズを出題します。

　以下にレース条件をいくつか提示しますので、どの降格ロー
テが当てはまるか答えてください。出題にあたり、一般的な出
馬表に記載されているものと可能な限り同じにしました。そし
て前走のどこに注目すべきか答えられたあなたは、立派な降格
ローテマスターです。（ほとんどが予想時に必要のない）膨大な
出馬表のデータや、SNSなどで目にするそれっぽいデータを見
ても、競馬予想で迷うことはないことでしょう。降格ローテを
理解することは、競馬予想という情報過多社会で生き抜くため
の武器になるはずです。

　では、早速はじめましょう！

Q1
2021年6月19日　阪神7R　ダート1,400m
3歳以上・1勝クラス（定量）

Q2
2021年6月13日　札幌6R　芝1,800m
3歳・未勝利（馬齢）

Q3
2021年5月30日　東京9R　ダート1,600m
4歳以上・3勝クラス（定量）

Q4
2021年4月17日　中山6R　芝1,200m
3歳・1勝クラス（馬齢）

Q5
2021年5月16日　中京8R　ダート1,800m
4歳以上・2勝クラス（定量）（牝）

Q6
2021年3月21日　阪神10R　ダート1,200m
4歳以上・3勝クラス（ハンデ）

A1 降格ローテ④⑥

見るべき前走ポイント➡3歳限定戦、芝で3コーナー
10番手以下（Sample 8より）

A2 降格ローテ③

見るべき前走ポイント➡12〜4月の牡牝混合
（Sample 7より）

A3 降格ローテ①⑥

見るべき前走ポイント➡競馬場ランクA〜D、芝で3コー
ナー10番手以下（Sample1より）

A4 降格ローテ⑤

見るべき前走ポイント➡1,600m以上
（Sample 9より）

A5 降格ローテ①②⑥

見るべき前走ポイント➡競馬場ランクA、牡牝混合、芝で
3コーナー10番手以下（Sample 6より）

A6 降格ローテ⑥⑦

見るべき前走ポイント➡芝で3コーナー10番手以下、ハ
ンデ戦以外（Sample 11より）

　繰り返しになりますが、大事なことは定義を覚えることでは
なく、降格ローテが成り立つ背景を理解することです。

降格ローテ

CHAPTER 3

降格ローテを
使いこなすための
応用知識

　応用編では実際に競馬予想をする際の考え方について、より深く学んでいきます。これまでに7つの降格ローテを学んできましたが、これは例えるなら非常に高価な調理器具のようなもの。一流のシェフになるために素晴らしい調理器具は大事ですが、それを使いこなせなければ一流とはいえません。そこで応用編では私が実際に予想する際に考えていることや、追加で意識しているファクターについて詳しく述べていきます。本章でもデータや結論だけを述べるだけでなく、「なぜ」という根拠の説明を意識しました。難しいと感じる部分もあるかもしれませんが、可能な限りデータをつけて説明しています。まずは1回読み切ることを目標にしてください。

　その後、何度も何度も読み返すことで確実に身についていくことでしょう。どんなに凄いと思える人も、初めからできるわけではありません。むしろ「わからない」の数だけ、本書はあなたにとって財産になる知識が掲載されているということです。それでは早速、読み進めていきましょう！

枠番というファクター

枠番と馬番の違い

　競馬は入るゲートの場所によって1〜8番までの枠番と、出走頭数の分だけある馬番の2種類の数字がつけられています。例えば大外のゲートに入ったピンク帽の馬は8枠16番、最内の白帽の馬なら1枠1番のように、枠＋馬番で表記されていることが一般的です。この枠番と馬番はJRAによってランダムに決められており、基本的には出走する日の前日に発表されます。

　ゲートは競馬において重要な予想ファクターであり、重賞のデー

タなどではほぼ間違いなく掲載されているでしょう。では、ゲートによって有利、不利のデータ分析をする際、枠番と馬番のどちらを参考にすればいいのでしょうか？　結論から申し上げると、私は枠番を利用しています。

　ゲートによる有利、不利が生まれるのは、同一レースにおける他馬との相対的なポジションが主な要因です。例えば内側を通るのが有利なコースにおいて、馬群の外をまわっている馬は不利になります。一方で他馬と比較して内側を走っていれば最短距離でゴールできることから、有利にレースを運べるでしょう。つまり解析時に大事なことは、他馬と比較してどの辺りのポジションをとることができるか判断できる材料であることです。

　ここで枠番を例に考えます。ゲートの最も大外枠である8枠の馬は、出走頭数が何頭であろうと相対的に外を走る可能性が高くなります。一方で真ん中の4枠であれば馬群の中で走っている可能性が高くなるでしょう。1枠であれば問答無用、おそらく馬群の最内であるラチ沿いを走る可能性が高くなります。このように枠番は出走頭数に限らず、他馬と比較してどの辺を追走できるか判断するのに役立つファクターです。

　次に馬番を考えてみます。例えば10番の場合、出走頭数が16頭であれば馬群の中で競馬をする可能性が高くなります。一方で出走頭数が10頭であれば、最も外のゲートからの発走になるので、馬群の大外を回っているはずです。このように馬番は出走頭数によって意味合いが異なる可能性があるファクターです。

　日本ダービーのように毎年のようにフルゲートになるレースにおいて、近10年の馬番傾向を調べるだけでしたら問題はありません（同一重賞の10年データに意味があるかという論点はともかくとして）。出走頭数が固定されるのであれば、馬番は枠番と同じく相対的なポジションを示す道しるべになるのですから、有用なファクターと言えるでしょう。しかし「東京芝2,400mの傾向」を調べる際に馬番

は有効とはいいがたくなります。実際に2016年から5年間の間で、東京2,400mにおける出走頭数は6〜18頭とバラバラになっています。

6〜8頭立て	19レース
9〜11頭立て	43レース
12〜14頭立て	32レース
15〜18頭立て	51レース

　そのため私は、競馬予想の際に枠番を強く重視して予想しています。上述の通り、枠番であれば出走頭数に限らず、他馬との相対的なポジションを推測できるからです。では、数多くの予想ファクターがある中でなぜ枠番を意識するのか？　その理由を解説していきましょう。

ここまでのまとめ

- **枠番は他馬との相対的な ポジションを予想できる**
- **馬番は出走頭数により意味合いが異なる**
- **馬番ではなく、枠番を重視している**

他ファクターとの相関性

　競馬予想の際に考えるファクターは人それぞれです。例えば血統、厩舎、騎手、前走着順、前走着差、上がり3ハロン、脚質、距離、コース、馬場、調教など、競馬には多くの予想ファクターが存在しています。競馬新聞をみても多くの数字が並んでいますし、どれを重視すればいいのかと悩んだことは誰しもが経験あるでしょう。実

際、アナログにせよパソコンを用いた自動化した予想にしても、や
みくもに全てのファクターを同じように重視してもいい結果は得ら
れません。なぜなら、上記に述べたような競馬予想の際に考えるファ
クターは、互いに相関し合うものが多いからです。

　相関とは「2つのものが密接にかかわりあい、一方が変化すると
他方も変化するような関係」のことです。例えば天気と湿度は相関
関係にあると言えます。晴れの日であれば湿度は低くなり、雨の日
であれば湿度が高くなります。完璧に一致するとまでは言えません
が、それでも一方が変化すれば他方も変化する関係であることは間
違いないでしょう。

　競馬について考えてみると、先ほど述べた予想ファクターの中で
は、前走着順と前走着差は強い相関があると言えます。着順が悪い
馬ほど着差も大きくなるので、一方が変化すれば他方も変化する相
関関係にあるといえるでしょう。また、脚質とコーナー順位も相関
が強いファクターの組み合わせです。

　このように、競馬予想をする際に重視するファクターが相関して
いることを、統計学の言葉で多重共線性といいます。

【多重共線性】
重回帰モデルにおいて、
説明変数の中に相関係数が高い組み合わせがあること。
（Wikipediaより）

　要は、競馬予想とは「馬券になる馬」という万人の共通解を求め
るために、いくつかのファクターを組み合わせた重回帰分析である、
と考えることができます。意識的にせよ、無意識的にせよ、競馬予
想をするほとんどの方は重回帰分析チックなことを頭の中でやって
いるのです。

　しかし、ここで問題になるのが先ほど述べた「予想ファクター同

士の相関」になります。少し難しい話になってきて混乱する頃かと思いますが、単語自体は覚えなくても問題ありません。今は「予想ファクターが相関すると良くないのだな〜」ぐらいで問題ありません。次の項で簡単な例を用いて説明していきます。

ここまでのまとめ

- **・競馬予想にはたくさんの ファクターがある**
- **・重視する予想ファクターが 相関するのは良くない**

相関のあるファクターを同様の重みで評価してはいけない

　ここではいったん頭をリフレッシュして、簡単な例を紹介して説明していきます。

　とあるコンビニの店長は、過去の売り上げデータから傘の売り上げ予測ができないかと考えました。そこで、まず真っ先に売り上げに影響すると考えたのが天気です。店長は「雨の日にたくさん傘が売れるのでは？」と考え、早速調べてみました。すると、予想通り傘は雨の日に最も売れていることがわかりました。

天気	傘の売り上げ平均
雨	20本
曇り	5本
晴れ	2本

　データ分析が楽しくなってきた店長は、次に湿度からも予想できるのでは？と、考えました。言うまでもなく湿度が高ければ傘は売れそうですし、低ければ売れないでしょう。こちらも調べてみると

店長に判断ミスをさせたもの。
これがまさに多重共線性の罠なのです!

店長の予想通り、湿度が90%を超えてくると傘が多く売れてることがわかりました。

湿度	傘の売り上げ平均
90%以上	20本
50〜90%	5本
50%未満	2本

　この売り上げ予測を元に、店長は傘の納品数を決めることを決意します。すると早速、来週の天気予報が「雨・湿度95%」となっています。店長は「雨なので20本、湿度も高いから20本、合計40本だな」と、40本の傘を納品しました。

　さて、ここまで読んで店長の間違いに気づいた人も多いでしょう。結果、天気予報通り雨は降りましたが、傘は20本しか売れません

でした。これが多重共線性の罠です。

　つまり、店長が傘の売り上げ分析に使った「天気」と「湿度」は強く相関しているファクターになります。雨が降れば湿度は必然的に高くなることから、一方が変化すると他方も変化する相関関係といえます。

　今回の例の場合、多くの方が経験則的に雨と湿度は相関していることは理解しており、すぐに「20本じゃない？」と思ったことでしょう。このような場合、簡易的な解決策としてどちらかの指標を削ることが有用です。

　これは競馬においても同様に考えられます。競馬予想時に考えるファクターとして着順と着差や、脚質とコーナー順位など、強く相関するものを同様に重視してしまうと、間違った評価につながりかねません。

　例えば、とあるコースでは「前走、3コーナー順位が10番手以下の馬の回収率がいい！」というデータを見つけたとします。また「差し、追い込み馬有利！」というデータも見つけたとします。そこで「〇〇は前走で3コーナー順位が12番手な上、新聞の脚質も差しになっているから買いだ！」と判断するのはナンセンスと言えます。そもそも3コーナー順位が10番手以下の馬は差し、追い込み馬である可能性が圧倒的に高いです。つまり、上記の2つのデータは言葉こそ違えど、同じことを言っているだけです。もし予想に組み込むのであれば、コーナー順位か脚質のどちらか一方だけ採用すれば十分であることがわかります。しかしながら、競馬で負け続けている人ほど指標同士の関係性には目も向けず、目の前のデータに踊らされているのです。

　ここで話を戻して枠番と降格ローテについて考えます。私が重視する降格ローテはレース条件の違いや前走着順に着目した予想法です。また、枠番は言うまでもなく今走における枠番のことであり、これは降格ローテで重視するファクターとは相関しにくいことがわ

かります。「前走着順が悪いほど内枠に入りやすい!」みたいなオカルトチックな傾向があるわけもなく、枠番が相関しないことは感覚的にもわかるかと思います。

このように一般的に今走の枠番はどの予想ファクターとも相関しにくく、組み合わせやすい予想ファクターの1つです。従って、降格ローテと今走との枠番を組み合わせて予想することは有用であると考えられます。

ここまでのまとめ

**・重視する予想ファクターが
相関するのは良くない**

**・枠番は他のファクターと相関しにくく、
組み合わせは有用である**

競馬は相対的な競技である

枠番は他の馬との相対的な位置取りを予測できるものであり、従って数値そのものが他馬との相対的な関係を示しているものといえます。そもそも競馬は他馬と比較して上位にくる馬を当てるギャンブルです。実際に近4年で日本ダービーを3勝している福永騎手も、フジテレビのインタビューに対し「競馬はタイムトライアルでなく、相対的に1着にならなければならない競技」と話しています。(フジテレビ みんなのKEIBA「トリプルエレメント 未公開」ここだけの話!福永祐一騎手の㊙プライベートより)

しかし、競馬予想に使われるファクターの中には、必ずしも相対的でないものも存在します。ここでは「騎手」に着目し、相対的、絶対的なファクターについて簡単な例を紹介します。

競馬予想の際に必ずと言ってもいいほど見るのが騎手の欄です。騎手3、馬7という格言があるように、競馬の結果において騎手の

占める割合は非常に大きいと言えます。例えば最近ブレイクしつつある横山武史騎手は、予想者だけでなく関係者からも期待されている有力騎手の一人です。予想家の間でも「横山武史騎手は強気に競馬できるので買い！」など、騎手を見てプラス・マイナス評価をしています。

　確かに、昨年（2020年）の騎手リーディングでも横山武史騎手は6位となっており、上位騎手の仲間入りと言ってもいいでしょう。

2020年　騎手リーディング

1位	C.ルメール	6位	横山武史
2位	川田将雅	7位	吉田隼人
3位	福永祐一	8位	三浦皇成
4位	松山弘平	9位	岩田望来
5位	武豊	10位	田辺裕信

　では、騎手欄だけをみてプラス・マイナス評価をすることははたして正しいのでしょうか。それでは以下に示す2レースにおいて、横山武史騎手の評価をそれぞれ考えてみてください。ここでは簡易的に考えるため「昨年のリーディング順位が上位＝騎乗が上手い」と考えることとします。

レース1

A馬	横山武史
B馬	C.ルメール
C馬	松山弘平
D馬	武豊
E馬	福永祐一
F馬	川田将雅

レース2

G馬	横山武史
H馬	田辺裕信
I馬	山田敬士
J馬	戸崎圭太
K馬	柴田大知
L馬	丹内祐次

　レース１はリーディング上位騎手がズラリ。昨年のリーディング順位と見比べてみると横山武史騎手は最下位です。さすがにルメール騎手や川田騎手を前にしては、横山武史騎手のプラス分は少ないと言えるでしょう。

　一方でレース２では昨年のリーディング比較でも横山武史騎手は一番上です。このメンバーであれば横山武史騎手の積極性は活かせるでしょうし、プラス評価は妥当と考えられます。

　このように横山武史騎手を評価するにしても、同一レース内における他の騎手によって評価が異なるのが一般的と言えます。従って、単に「横山武史騎手だからプラス！」と考えるのではなく、あくまでの他の騎手と比較して初めてプラスであると言えそうです。しかし、多くの方がこのように他の騎手と比べる相対的な評価をせず、ただ単に買いたい馬の騎手のみを見て評価しているのが現状です。

　また、これは騎手の乗り替わりの際にも同様です。例えば昨年のリーディング10位である田辺騎手から、6位の横山武史騎手へ乗り替わりがあったとします。一見するとリーディング上位騎手への乗り替わりですから、プラス評価であると考えてよさそうです。では、以下のような場合はどうでしょうか。

今　走	
A馬	横山武史
B馬	C.ルメール
C馬	松山弘平
D馬	武豊
E馬	福永祐一
F馬	川田将雅

前　走	
A馬	田辺裕信
H馬	津村明秀
I馬	山田敬士
J馬	戸崎圭太
K馬	柴田大知
L馬	丹内祐次

　たしかに、A馬は前走が田辺騎手から、今走で横山武史騎手に乗り替わっています。しかし、前走をしっかりと見ていくと、田辺

騎手以外は軒並みリーディング10位以内に入っていない騎手です。この中であれば田辺騎手は相対的に上手い騎手になるわけですから、騎手の評価としてはプラス評価となります。

　一方で今走は横山武史騎手に乗り替わりましたが、これはリーディング順位で言えば最下位になります。他の騎手と比較して上手くないと判断できることから、騎手の評価としてはマイナス評価になるでしょう。

　このように一見すると田辺騎手→横山武史騎手のようなプラスに見える乗り替わりでも、他の騎手と比較することで必ずしもプラスとは言えない状況が考えられます。これが相対的な評価が大事であるということです。

　このように競馬予想のファクターの中には相対的に考えなければ正しいとは思えないものの、騎手や数値そのものの絶対的評価を重視してしまうことが多々あります。ただし、冒頭にも述べたように枠番はそもそも相対的な位置取りを予測するものです。そのため、難しいことを考えずとも素直に枠番傾向を予想に活用できることから、私も積極的に予想に活用しているのです。

ここまでのまとめ

・**競馬は相対的な競技である**
・**枠番は相対的な数値であるため、そのまま活用可能**

枠番を意識するコースと雨の影響

　ここまで、複数の観点から枠番について解説してきました。枠番は他のファクターと相関しにくいこと、また相対的な数値であることから扱いやすい予想ファクターといえます。それでは実際に、枠番を意識して予想するコースを見ていきます。以下に、私が実際に

枠番を意識するコースを書いています。補足となりますが、これらはすべて回収率をベースに考えています。そのため、単純な勝率や複勝率ではなく、妙味の面から狙っていると考えてください。なお、枠番傾向はその年の馬場などによって変化するため、あくまでも現時点（2021年7月現在）での考えです。

芝	ダート
内 有 利	**内 有 利**
中京、京都の1400m以下 函館、札幌、阪神1800m 函館、札幌、中山、東京2000m	京都1800m 中京1200、1800m 東京1300m
ほとんど差なし[※1]	**ほとんど差なし**[※2]
その他	中京、京都1400m 全場1700m 全場2000m以上
外 有 利	**外 有 利**
新潟1000m	その他

　まず基本的に芝コースは内有利です。内側を立ち回る方が距離ロスが少なく、最短距離でゴールすることができるためです。そのため（※1）に該当するほぼすべての競馬場も、基本は内枠が有利と考えて差し支えありません。ただし、芝レースは展開や馬場状態によって大きく枠番の傾向が変化しますので注意は必要です。当日の馬場を見るのがベストですが、予想に時間をかけられない方は上記に記載した内、外有利のコースだけ覚えていただき、あとは深く考えないほうがベターです。

　一方でダートはほとんどのコースにおいて外枠が有利になります。これはコースの形態以上に内枠でキックバックをうけることが

大きく不利になるためです。キックバックとは前を走る馬が蹴り上げる砂を被ってしまうことであり、馬によってはキックバックを嫌がる馬もいます。そのため、内枠が有利になるコースのほうが珍しく、こちらを例外として覚えてください。

　なお、（※2）に該当する差なしの競馬場も雨が降るとインの優位性がでてきます。これは雨によってダートの砂が舞いにくくなり、キックバックの影響が少なくなるためです。覚え方としては基本は外枠有利、例外で内枠有利コース、さらに雨が降れば内が使えるようになるんだなぁ、くらいで覚えておきましょう。

ここまでのまとめ

・芝は基本的に内枠有利
・ダートは基本的に外枠有利
・雨が降ると（ダートの）キックバックの
　影響が少なくなる

「絞れて勝負気配！」は間違い!?

　他のファクターと相関しない予想ファクターとして当日の馬体重増減があります。馬体重増減とは前走との馬体重の差を示したものであり、レース発走の約30分前になるとJRAより発表されます。こちらは他馬との比較も必要のない数値であり、予想時に考慮することが有効であると考えられます。

　多くの方は馬体重が増加した際「太目残りだな」と考えて軽視し、馬体重が減ったときは「絞ってきた。勝負気配だ！」と思い強気の勝負をしていることかと思います。しかし、結論から申し上げればその考えは間違いです。

　実際、当日の馬体重増加は勝率にほとんど影響はないものの、回収率は体重の増加とともに良くなっていることがわかります。一方でマイナス体重を見てみると、体重の減少とともに勝率も減少し、それに伴って回収率も悪くなっていることがわかります。

　このように馬体重の増減だけを見ても、いかに一般の競馬ファンのイメージがあてにならないかがわかります。競馬はパリミュチュエル方式のギャンブルである以上、一般の方とは逆の発想である「逆張り」が大事であることを、再認識することができます。

馬体重増減による成績

(kg)	勝率	複勝率	単回値	複回値
21〜	11.0%	26.9%	92.8%	83.5%
17〜20	10.7%	28.0%	91.1%	85.9%
13〜16	11.0%	29.9%	91.0%	84.2%
9〜12	10.6%	30.0%	82.0%	79.8%
5〜8	11.5%	31.7%	82.1%	79.1%
1〜4	11.4%	33.0%	80.6%	80.5%
0	11.6%	32.9%	80.2%	79.2%
−1〜−4	11.1%	32.4%	78.9%	79.6%
−5〜−8	10.9%	31.1%	78.7%	79.6%
−9〜−12	10.0%	29.4%	82.7%	81.7%
−13〜−16	9.5%	26.0%	89.3%	79.2%
−17〜−20	6.4%	24.1%	48.4%	75.4%
−21〜	5.4%	16.8%	70.5%	67.2%

プラス体重：21〜 から 0
マイナス体重：−1〜−4 から −21〜

データの解釈

好走率or回収率

競馬予想をする際、多くのデータに遭遇すると思います。実際、本書でも降格ローテを説明する際に様々なデータを紹介してきました。この時、意識してほしいことはそのデータが好走率を示したものなのか、回収率を示したものなのかということです。

好走率とは勝率、複勝率のように、馬券内に入る確率のことを指します。例えば「東京コースのディープインパクト産駒が強い」みたいなデータは、たいていの場合が勝率や複勝率などをベースに語られています。たしかに競馬は馬券になる馬を探すゲームですから、各馬の好走率がわかれば馬券も的中できるでしょう。

しかし、ここで問題になってくるのがオッズです。言わずもがな、競馬は好走する可能性が高い馬を当て続ければ勝てるギャンブルではありません。例えば勝率が50%と判断できたとしても、単勝オッズが1.7倍でしたら長期的に儲かることはありません。期待回収率は0.5×1.7×100=85となり、長期的には85.0%に落ち着いてしまいます。

最終オッズを直前まで見られる人にとってみれば、予想勝率とオッズを見比べて乖離のあるところに賭ければ収支を上げることはできるでしょう。ただし、近年は締め切り直前に大量の投票があるため、最終オッズはかなり変動しやすくなっています。すなわち、人力で最終オッズを正確に予測するのは難しいと言わざるを得ません。そのため、私がデータ解析の際に重視しているのは回収率になります。

回収率は、データ通りの馬を買うと算出された回収率が期待できるということです。控除率を差し引いた80%を上回れば予想時

に有効なデータと判断でき、下回れば軽視すべきデータになります。長期的に儲けたいと思うなら回収率を優先すべきと言えるでしょう。しかし、世の中のデータは好走率を重視しているものが大半であり、その結果、長期的には儲かりにくい馬を選出している人が多いのです。

　言葉だけでは難しいので具体例を出します。

> 週末の天気は雨予報。馬場は重馬場です。そこで、過去に重、不良馬場で好走していた馬は"重馬場巧者"であるため、予想の軸にしたいと考えました。では、過去に重・不良馬場で3着以内になったことのある重馬場巧者の好走率、回収率はどうなるでしょうか?

　上記のような予想の仕方は、誰しも経験があるでしょう。出馬表によっては重馬場時の成績が載っているものもあります。例えば2021年の中山牝馬Sに出走したサトノダムゼルは重馬場の成績が(重3-0-0-0)と3戦3勝。どうみても重馬場適性はありそうな馬です。実際に不良馬場となった中山牝馬Sでは、重賞で馬券内の経験がないにも関わらず2番人気の6.1倍と人気になりました。

　このように多くの方が重馬場時には重馬場適性を重視して予想するからこそ、過剰人気傾向になるため回収率は平均を下回ります。

不良のコンディションで行われた21年中山牝馬Sでは、重・不良【3・0・0・0】だったサトノダムゼルが2番人気に支持された。道悪実績のある馬は、過剰人気で回収率が下がってしまう。なお、同馬は8着に敗退。

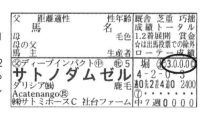

すなわち、先ほどの問いの解答は「A.好走率は上がるが、回収率は下がる」ということになります。

重・不良馬場時の競走成績				
	勝率	複勝率	単勝回収率	複勝回収率
好走経験あり	11.1%	32.2%	72.5%	76.8%
好走経験なし	10.9%	31.0%	84.6%	81.7%

　このように、多くの方がデータを見て予想している場合、過剰に好走率を意識しすぎている場合があります。好走率も大事ですが、競馬はパリミュチュエル方式のギャンブルだからこそ、大事なのは回収率であり逆張りの精神です。今一度、皆様が予想の際に参考にしているファクターや、参考にしているデータは「好走率？　回収率？」と自問自答して、見直してみてください。

ここまでのまとめ

・データを見た際は、
　好走率か回収率か確認する

・長期目線であれば
　回収率を重視して考える

データを精査する

　では、回収率が100%を超えるようなデータを探してきて、そのまま買えばいいのか？というと、そんな単純な話ではありません。特に競馬は不確定要素が大きく、馬場状態や開催日程など、外因的要因によって傾向がガラリと変わることは珍しくありません。また、サンプル数が多く取ることのできない場合、大穴の一発によって回

収率が良く見えている場合があります。この場合、運よくその大穴を取れればいいですが、その後何年間もマイナス収支になってしまうこともザラです。そこでデータを見る際には「なぜ、回収率がプラスになるのか?」という、本質をしっかり理解することが大事になります。

　例えばよく耳にするデータとして「ハービンジャー産駒は芝の重馬場が得意」というのがあります。実際に、ハービンジャー産駒の重馬場成績を見てみると、2021年7月末までに単勝回収率142%、複勝回収率107%とベタ買いでも優秀な数値です。

　この噂が流れたのがハービンジャー産駒の初GⅠ制覇となった2017年の秋華賞の頃と記憶しています。2017年、重馬場で行われた秋華賞を勝ったのはハービンジャー産駒のディアドラ。これがハービンジャー産駒の初GⅠ制覇でした。さらにその1カ月後には、同じく雨の影響で稍重となった芝GⅠマイルCSでハービンジャー産駒のペルシアンナイトが勝ちました。このころから「ハービンジャー産駒は重馬場が得意なんだ!」と一躍有名になります。

　確かに、ハービンジャーはイギリスのGⅠ馬。欧州の馬場は日本よりも重たい馬場であり、その土地でGⅠを勝っていることからも、産駒が重馬場巧者になるというのはいかにもそれっぽい感じがします。また、ハービンジャー産駒が話題になった2017年末までの芝における重馬場成績をみてみると、単勝回収率190%、複勝回収率は137%と大きくプラスの数値。そういった話が流れても無理もないでしょう。

　では、翌年の2018年から重馬場の際にハービンジャー産駒を買い続けるとどうなったでしょうか。結論からいえば、収支はマイナスになっています。

芝の重馬場におけるハービンジャー産駒の成績

	単勝回収率	複勝回収率
～2017年	190%	137%
2018年	57%	79%
2019年	26%	56%
2020年	167%	97%
2021年7月まで	79%	64%

　2020年こそかろうじてプラス収支になりましたが、これは2020年3月14日中山10Rでレストンベ（単勝50.3倍）の1発によるものです。このように2017年に話題となった「ハービンジャー産駒の重馬場は買い」を信じた人は、その後マイナス収支になっていることがわかります。

　では、どのようにすればこのデータを信じずにマイナスを防げたでしょうか？　まず、実際にハービンジャー産駒の重馬場成績を見てみると、大穴馬による1発が回収率を底上げしていることがわかります。

ハービンジャー産駒、芝重馬場の大穴例

2015年4月5日阪神4R	テルメディカラカラ	89.6倍
2015年7月5日中京2R	エイシンガイア	67.7倍
2016年4月17日阪神5R	プロジェクト	52.4倍

　たしかにこれらの穴馬を当てられるのは素晴らしいことです。しかし、2017年までのデータ数をみると、延べ157頭が出走しての

回収率でした。つまり、これら大穴による1発だけがプラス収支を生み出しているといっても過言ではありません。いくらプラス収支のデータとはいえ、データ数が少ないものは大穴馬の1発で回収率がプラスになってしまいます。これでは大穴がきたことによる"たまたま"のプラスなのか、本当にハービンジャー産駒が重馬場が得意なのかは判断が難しくなります。

　そこで私はコラム3でも説明したように、単勝40倍以下での解析をオススメしています。もし、仮にハービンジャー産駒が重馬場得意なのであれば、例え単勝オッズを40倍以下に絞ったところでプラス収支のデータになるでしょう。しかし、実際に調べてみると単勝40倍以下では単勝回収率79％、複勝回収率78％といたって平均的な値になることがわかります。つまり、2017年当時にしっかりと40倍以下に絞って解析していたら、上記のようなプラスデータに騙されずに済んだのです。

　このように回収率が100％を超える"それっぽい"データを見つけたら、まずは疑ってかかるべきです。なぜプラスになるのか？大穴による影響ではないのか？　多角的に精査することが重要です。そのため、降格ローテは「なぜ？」の説明を可能な限り多くし、単勝40倍以下に絞って解析を行っているのです。

ここまでのまとめ

・データは「なぜ？」と疑い精査する
・単勝40倍以下の解析はオススメ

データではなく、仮説から

　競馬はサンプル数の関係から大穴による影響が大きいことをお話しました。しかし、競馬におけるデータの落とし穴はそれだけではありません。実際には一生懸命プラス収支になるデータを探したとしても、次の年にはマイナスになることもあります。もっと言えば、そういった場合のほうが多いくらいです。これは以下の落とし穴によるものと考えられます。

　① サンプル数が少ないためブレが大きい
　② 外因的要因による傾向変化が大きい
　③ 他の要因と相関しているため、因果関係が不明
　④ 有名なデータになりすぎてしまい、妙味がなくなる

　例えば先ほどあげたハービンジャー産駒の例にしても、私は単勝40倍以下に絞って解析することで重馬場は決して得意ではないと考えました。しかし実際には種牡馬としてデビューする数年は繁殖牝馬の質が高いことが多く、そのため最初の数年間は重馬場もこなせる強い馬が多かっただけかもしれません。また、当時はハービンジャー産駒が得意とする季節にたまたま雨の日が多く、馬場状態というよりも外気温の影響で好走していただけかもしれません。このように種牡馬と馬場状態の関係を調べるだけでも、得られたデータが意味する因果関係は不明なことがわかります。

　さらに回収率をベースに考えるのであれば、有名になってしまった途端に使えなくなります。今となっては誰もが知っている「ルメール騎手は上手い」ということも、来日当初はまだまだ使える馬券術でした。それが、皆が一斉に知った途端にオッズは下がるようになり、結果として妙味はなくなってしまうのです。

ルメール騎手の成績（単勝40倍以下）		
	単勝回収率	複勝回収率
初来日〜3年間	98%	88%
近3年（2021年7月末まで）	75%	81%

　このように競馬のデータには様々な落とし穴があります。だからこそ私が意識しているのは仮説から入るということです。仮説から入り、そのうえで得たデータは信ぴょう性が高くなります。

　もちろん仮説から入れば間違いないとは言い切れませんが、少なくともデータをポチポチと遊ぶよりも正確である可能性が高いでしょう。そのためにはまず、たくさんレースを見て、日々気づいたことをメモし、検証し続けていくことが大事です。

ここまでのまとめ

・競馬のデータには落とし穴がたくさん
・多角的な視点から解析することが大事
・仮説から入るデータの信ぴょう性は高い

 ## 過剰人気を見抜く

過剰人気の馬がいるレースを狙う

　本書では散々パリミュチュエル方式のギャンブルについてお話してきました。競馬とは他人のお金を奪い合うゲームなのだから、多くの方がハズれるレースこそ妙味があります。ここで、多くの方が賭けて外してしまう馬のことを過剰人気の馬といいます。

　過剰人気とは、その馬の実力以上に買われてしまっている馬のことです。例えば仮に予想勝率が50％の馬がいたとして、オッズが1.1倍になっていればそれは過剰人気です。期待される回収率は55.0％ですから、控除率を差し引いた80％を大きく下回っています。長期的に考えればこういった過剰人気の馬は購入を見送り、ほかの馬を探すのが正解です。

　特にJRAが主催する日本の競馬は同一レースにおける賭け金の総額を分配する仕組みになっています。これは言い換えれば、出走する馬すべてが過剰人気になることはありません。Aという馬が過剰人気であれば、相対的に同一レースに出走しているA以外の馬の妙味は上がることになります。

　これはオッズで考えると非常にわかりやすくなります。2021年3月28日中京2Rは発走の約30分前にコスモノアゼットへ単勝300万円のぶちこみがありました。このようなぶちこみはいわゆる過剰人気と同義です。コスモノアゼットの単勝オッズも一時的に3.4倍から1.5倍まで急落しました。この時、他の馬のオッズ推移も一緒に見てみると、一時的にオッズが上昇していることがわかります。

		3月28日中京2Rのオッズ変化			
馬番	10:04のオッズ	10:10のオッズ	馬番	10:04のオッズ	10:10のオッズ
1	16.0倍 ➡	25.0倍	9	62.3倍 ➡	86.9倍
2	120.1倍 ➡	198.7倍	10	31.4倍 ➡	44.8倍
3	45.6倍 ➡	76.2倍	11	4.3倍 ➡	6.2倍
4	3.4倍 ➡	1.5倍	12	142.9倍 ➡	233.1倍
5	44.5倍 ➡	76.7倍	13	89.9倍 ➡	151.7倍
6	7.0倍 ➡	10.8倍	14	100.0倍 ➡	174.1倍
7	72.7倍 ➡	116.3倍	15	27.4倍 ➡	45.8倍
8	4.0倍 ➡	6.5倍	16	9.8倍 ➡	16.3倍

※4番がコスモノアゼット

　ここまで全頭のオッズが上昇していると感覚的にもわかりやすい
かと思います。つまり、競馬は「過剰人気の馬がいる＝その他の馬
の妙味が上がる」というのが成り立つのです。このように、購入す
るレースの判定基準として狙いの馬がいることはもちろん大事です
が、それと同じくらい「過剰人気の馬がいるかどうか」の判断が大
事になります。

　断りを入れると、本当に過剰人気であったかどうかというのは最
終オッズと結果次第です。また、例えその馬が1着であったとして
も、それが過剰人気であった可能性も十分にあります。そのため、
過剰人気を見抜くというのは実は一筋縄ではいきません。そこで、
過剰人気馬の見分け方について次項より説明していきます。

ここまでのまとめ

**・過剰人気の馬がいるレースは、
　その他の馬の妙味が上がる
・過剰人気の馬がいるレースを探す力が大事**

昇格ローテ（＝降格ローテの逆）を嫌え

復習になりますが、降格ローテはHレベル戦→低レベル戦の経由の馬です。一見すると近走の着順からは能力がなさそうな馬も、低レベル戦へのローテーションになることから能力が通用するという仕組みです。前走着順も悪く一般の予想者には狙いにくいことから、妙味の面でも十分期待することができます。

これを逆説的に考えるのであれば、低レベル戦→Hレベル戦のローテーションは妙味がないということになります。特に低レベル戦で馬券になったような馬は、次走でHレベル戦で戦っても通用するとは限りません。

最近、運動不足の私も幼稚園生を相手に100m走をすればさすがに勝てると思います。しかし、高校生を相手にしたらおそらく歯が立たないでしょう。つまり、低レベル戦（ここでは幼稚園生）を相手に勝利したところで、Hレベル戦（ここでは高校生）においてはその戦績は意味をなさないのです。しかしながら競馬において、このようにレベル差があるレースはたくさんあるにもかかわらず、着順通りの評価をされることで過剰人気になっていることが多々あります。

このように降格ローテの逆のことを昇格ローテといいます。特に、昇格ローテにもかかわらず前走着順がいい馬は過剰人気を疑ってください。このような過剰人気の馬がいるレースこそ、ねらい目のレースとなるのです。

昇格ローテは降格ローテの逆のため、定義をそのままひっくり返せばいいだけになります。従って、以下に示したローテーションこそが昇格ローテです。

昇格ローテ（過剰人気パターン）一覧

昇格ローテ❶ **栗東馬の割合による昇格ローテ（ダート）**

下位ランク競馬場 ▸ 上位ランク競馬場

昇格ローテ❷ **性別と距離による昇格ローテ（ダート）**

牝馬限定戦 ▸ 牡牝混合1,400m以上

昇格ローテ❸ **性別と開催時期による昇格ローテ（芝）**

夏（5～9月）の牡牝混合 ▸ 秋～冬（10～2月）の牡牝混合

昇格ローテ❹ **馬齢による昇格ローテ（芝・ダ）**

な　し

昇格ローテ❺ **距離変動による昇格ローテ（芝）**

1,200m以下 ▸ 1,600m以上

昇格ローテ❻ **芝・ダートによる昇格ローテ（芝）**

ダート（3コーナー順位10番手以下） ▸ 芝

昇格ローテ❼ **ハンデ戦による降格ローテ（芝・ダ）**

ハンデ戦 ▸ ハンデ戦以外

　このように、降格ローテを逆にしたものが昇格ローテであり、過剰人気は前走着順がいい馬になります。

　少し補足すると、昇格ローテ❸の秋～冬定義は10～2月にしました。こちらは降格ローテ❸をそのままひっくり返すと「夏（5～9月）の牡牝混合→冬～春（12～4月）の牡牝混合」となり間が空いて長期休養明けの馬のみになってしまうためです。秋～冬に変えても、牝馬は夏にパフォーマンスを上げることを覚えていれば、この昇格

ローテが成り立つことは理解できるでしょう。

　また、昇格ローテ❹は存在しません。これはそのまま表記すると3歳以上戦→3歳限定戦になりますが、このローテーションの馬は年に数頭しかおらずサンプルとして不十分だからです。

　最後に昇格ローテ❻はダートでも3コーナー順位10番手以下をつけました。これは降格ローテ⑥で説明した通り、芝でスピード不足の馬がダートで好走するためです。つまり、そもそもダートでもポジションが取れない馬が芝に替わったところでスピード不足。従ってダート（3コーナー順位10番手以下）→芝のローテーションで好走するのはかなりキツイことがわかるかと思います。

　このような昇格ローテ該当馬は、前走着順が良ければそのまま人気していることが多々あります。それだけ前走着順ばかりを見て、中身を精査できていない方が多いということです。もちろん、前走着順がいいので短期的には好走する可能性は高くなりますが、長く買い続ければマイナスに収束するでしょう。このような過剰人気傾向の馬を見つけたら軽視すると同時に、他の馬に妙味がある可能性が高いので積極的に印を打っていきましょう。

Sample 12

2021年 4月24日 東京2R ダート1,400m（良）
3歳未勝利（混）

枠	馬	馬名	性齢	単オッズ	人気	前走コース	前走通過順	前走着順
1	①	パンプイットアップ	牝3	336.6	15	小倉芝1,200	18-17	17
1	②	ブレーヴトライ	牡3	7.9	5	中山ダ1,200	7-6	2
2	③	フクノルッカ	牝3	5.7	3	中山ダ1,200（牝）	5-4	4
2	④	シャイニングマーズ	牡3	17.0	7	中山ダ1,200	9-9	4
3	⑤	タマモコレクト	牡3	159.6	10	小倉芝1,200	4-6	14
3	⑥	エドノレジェンド	牡3	471.0	16	川崎ダ1,500	9-9-7-5	5
4	⑦	エバーサニーハート	牡3	2.4	1	中山ダ1,200	5-4	3
4	⑧	カシノアイドル	牝3	267.2	14	佐賀ダ1,400	10-8-7-5	3
5	⑨	セイウンブリスク	牡3	4.6	2	東京芝1,600	10-10	6
5	⑩	トーセンレオナルド	牡3	202.1	11			初出走
6	⑪	キョウエイアップ	牡3	52.6	8	中山ダ1200	15-14	5
6	⑫	カネショウルーイ	牡3	14.2	6	小倉ダ1700	10-9-9-8	6
7	⑬	デルマジザイ	牡3	224.9	13			初出走
7	⑭	イソエイヒカリ	牡3	205.7	12	東京ダ1,400	6-6	12
8	⑮	フォックススリープ	牡3	7.3	4	中京ダ1,400	3-3	5
8	⑯	スパラキシス	牝3	53.1	9	中京ダ1,400（牝）	12-12	5

　2021年4月24日東京2Rはダート1,400mで行われる未勝利戦。牡馬と牝馬が出走している牡牝混合戦のダート1,400m以上に該当するため、牝馬が不利な条件です。さらに細かく見てみると、3番人気のフクノルッカは前走が牝馬限定戦です。牝馬限定戦→牡牝混合のダート1,400m以上は昇格ローテ❷であり過剰人気。前走が牝

馬限定戦で4着なのにもかかわらず今回3番人気なのは、おそらくルメール騎手騎乗による過剰人気と言えそうです。従ってフクノルッカを軽視することで、このレースは狙い目となります。

そこで降格ローテ該当馬を探すと、降格ローテ①からはカネショウルーイ（前走Bランク6着、14.2倍）が該当します。また降格ローテ⑥よりセイウンブリスク（前走芝で3コーナー10番手以下6着、4.6倍）が該当します。

この2頭をどちらも購入してもいいのですが、後者のセイウンブリスクは大手競馬サイトのnetkeibaの出馬表では脚質が逃げになっていました。それもそのはず、セイウンブリスクの2走前は逃げており、芝のレースでも通用するスピードを見せていたのです。また、前走も上がり最速で追い込んでいることからも、芝で通用するスピードを見せていることがわかります。芝でスピードを見せている馬のダート替わりは妙味を生みにくいため、こちらは推奨としては1ランク落ちそうです。

そこでもう一方の該当馬である、カネショウルーイが降格ローテでは筆頭となることがわかりました。

結果はカネショウルーイが6番人気ながらも3着に好走。昇格ローテにより過剰人気と思われたフクノルッカは着外に敗れています。なお、2着だったフォックススリープは前走Bランク5着と惜しくも降格ローテからは外れたものの、こちらも上位ランク競馬場からのローテーションで納得の好走でした。

　このようにまずは人気馬が昇格ローテに該当するかどうか？を見極めることが大切です。特に今回例にあげた昇格ローテ❷は該当馬が多いのが特徴です。年中使える昇格ローテになるので意識して損はないでしょう。

　そして重複になりますが昇格ローテ該当馬（過剰人気馬）がいるレースこそ参加すべきレースであり、私たちに高配当をもたらしてくれます。

Result

着	馬名	性齢	タイム	位置取り	上3F	人気
1	**4**⑦エバーサニーハート	牡3	1:25.8	① ①	36.9	1
2	**8**⑮フォックススリープ	牡3	1/2	② ②	36.9	4
3	**6**⑫カネショウルーイ	牡3	3	⑮ ⑬	36.1	6

単　勝	240円	馬　単	2,010円
複　勝	120円、240円、250円	ワイド	430円、480円、800円
枠　連	1,040円	3連複	2,540円
馬　連	1,130円	3連単	9,790円

2021年 3月27日 中京11R ダート1,400m（良）
名鉄杯（4歳上・OP・別定）

枠	馬	馬名	性齢	単オッズ	人気	前走コース	前走通過順	前走着順
1	①	ヒラソール	セ5	50.5	14	中山ダ1,200(H)	16-16	15
1	②	ペプチドバンブー	牡6	23.5	10	新潟芝1,600	16-16	13
2	③	メイショウアリソン	牡7	40.6	12	中山ダ1,200	3-3	5
2	④	ドリュウ	牡6	23.1	9	東京ダ1,400	14-14	5
3	⑤	デターミネーション	牡5	10.0	6	阪神ダ1,400(H)	10-11	12
3	⑥	カタナ	牡6	46.6	13	中京ダ1,400	5-8	14
4	⑦	ジョルジュサンク	牡8	158.7	16	京都ダ1,400(H)	10-11	6
4	⑧	シャインガーネット	牝4	5.6	3	阪神芝1,400	7-5	5
5	⑨	アヴァンティスト	牡5	4.2	1	阪神ダ1,200(H)	10-9	9
5	⑩	イッツクール	牡5	9.0	5	中京ダ1,400	1-1	1
6	⑪	メイショウウズマサ	牡5	19.5	7	東京ダ1,400	8-8	11
6	⑫	ハーグリーブス	牡6	8.5	4	中京ダ1,400	9-11	3
7	⑬	ヨハン	牡5	52.8	15	阪神ダ1,400	7-7	15
7	⑭	フォーテ	牡4	21.8	8	東京ダ1,400	6-6	13
8	⑮	クリノガウディー	牡5	4.8	2	阪神芝1,400	3-3	9
8	⑯	フィールドセンス	牡7	35.8	11	阪神ダ1,200(H)	5-4	7

　最後に昇格ローテの応用編を紹介します。2021年3月27日中京11Rはダート1,400mで行われたオープン、名鉄杯です。お気づきの方もいるかと思いますが、これは降格ローテ⑥に登場したサンプルレースです。重複になるので、結論を完結にまとめます。まずはねらい目である降格ローテ該当馬を探すと

降格ローテ①

アヴァンティスト、デターミネーション、フィールドセンス

降格ローテ⑥

ペプチドバンブー

の4頭です。該当馬が多く取捨に悩みますが、ここで昇格ローテを思い出します。すると前走がハンデ戦→ハンデ戦以外にあてはまる馬が以下です。

昇格ローテ❼

アヴァンティスト、デターミネーション、フィールドセンス

これら3頭は前走着順が悪いため、過剰人気とまでは言えません。しかし、ハンデの面から考えれば降格しているとも言えず、むしろ昇格している馬です。少なくとも強く推せる馬ではないことがわかります。結果、推奨できるのはペプチドバンブーただ1頭となります（結果は10番人気1着）。

このように昇格ローテは、過剰人気だけでなく買いたい馬の取捨にも使用できます。このように降格、昇格部分を見る癖がつくと、今まで見ていた出馬表が違って見えるのがわかることでしょう。

Result

着	馬名	性齢	タイム	位置取り	上3F	人気
1	1②ペプチドバンブー	牡6	1:23.3	13 12	36.9	10
2	7⑭フォーテ	牡4	2.1/2	5 5	38.2	8
3	1①ヒラソール	セ5	3/4	12 12	37.5	14

単 勝	2,350円	馬 単	48,560円
複 勝	670円、810円、1,100円	ワイド	6,460円、13,490円、13,100円
枠 連	9,340円	3連複	340,010円
馬 連	24,060円	3連単	1,718,740円

- **・昇格ローテは降格ローテの逆**
- **・前走着順のいい昇格ローテ馬は 過剰人気なので嫌え**
- **・昇格ローテは降格ローテ該当馬の 比較にも使える**

予想者心理の逆を突く

　過剰人気とは、言い換えれば多くの方が考える予想法のことです。その馬の実力以上に評価され、多くの人が賭けるほどオッズは下がり過剰人気になります。つまり、大事なことは一般的な予想者心理を理解し、その逆を突けば妙味にありつけるということになります。

　実はこの考え方はすでにコラムでもいくつか学んでいます。例えばコラム08でお話した「前走同一条件で好走した馬」もその1つです。一般的な予想者心理を考えてみれば、前走が同一コースで好走している馬をみると、評価しやすくなるのは至極当然です。また、コラム09でお話した「当日の馬体重増減」も同様です。これも体重が減ったことで「勝負気配だ！」と思う人が多いからこそ、そこに妙味はないのです。

　このように一般的な予想者心理から妙味が消失し、いわば過剰人気になっているものは他にも以下のようなものがあります。

・前走同一条件好走馬（コラム08）
　➡同じコースで好走していれば買いやすい！という心理

・今走、大幅馬体重減（コラム09）
　➡体重減は勝負気配！という心理

・重馬場時、重馬場好走経験のある馬 (3-2「データの解釈」より)
　➡重馬場適性は大事!という心理

・芝→ダート替わりは前走先行馬 (降格ローテ⑥より)
　➡ダートは先行馬のほうがいいでしょ!という心理

・休み明け2戦目 (芝)
　➡叩き2走目で上積みある!という心理

・騎手の継続騎乗
　➡継続のほうが安心!という心理

・前走で上がり3F最速
　➡上がり1位は強い!という心理

・芝の重馬場は馬体重が大きい馬が良い
　➡重ならパワーのありそうな大型馬が強そう!という心理

　ここに示したものは基本的に平均回収率80%を下回るような、いわば過剰人気傾向のものです。中には皆様も一度は聞いたことがある言葉もあるかと思います。大事なことは多くの人が知っている予想法であればまずは疑うこと。その上で自分で精査し、過剰人気傾向であれば逆を突く勇気が大事なのです。

ここまでのまとめ

・多くの人が知っている予想法は疑え
・逆張りの精神が大事

レース回顧の考え方

レース回顧は大事だが…

競馬予想というと「レース映像を何度も見なきゃいけないのでは？」と思うのは至極当然かと思います。出馬表から得られる情報だけではどうしてもわからないことは多く、道中の不利はどうだったか？　ストライドは広いのか？　などなど、映像から得られる情報は非常に多くあります。

しかし、私は競馬の単行本を書く際、あえてレース映像回顧（以下、レース回顧）を主にした本にはしないと決めていました。理由としては

①**レース回顧は時間がかかる**
②**降格ローテを学んでからのほうが、レース回顧の効率が良い**
③**見ている人の技量に依存する**

の3点があげられます。

---

① レース回顧は時間がかかる

おそらくレース回顧で予想しようと思った人なら一度は感じたことがあるでしょう。出走している馬の前走を見るだけでも10レース以上。2、3レース前まで考えたらそれ以上です。私の場合、1レースを回顧するのにラップや各馬コメント、手前変換までみるので約20分かけています。しかし、これをサラリーマン時代にやっていたときは十分な睡眠も取れず、毎日眠い目をこすりながら大変な作業でした。そもそも降格ローテはそういった時間のない方でも簡単に

予想できないかな？というのをコンセプトとした馬券術のため、時間がかかるレース回顧は前面に押し出していません。

② 降格ローテを学んでからのほうが、レース回顧の効率が良い

そもそも、競馬に関する知識が豊富にあったほうが、レース回顧の効率がよくなります。おそらく、あまり競馬に詳しくない人が映像を見ても「なんでこの馬が来たのか？」とか「なんでこの人気馬は凡走したのか？」など、疑問点ばかりが生まれて困惑してしまうでしょう。しかし、しっかりと降格ローテを学んだ人なら「人気はしてなかったけど、Aランク競馬場経由だから好走は順当だな」、「牝馬で冬のダート1,800m牡牝混合は凡走して当たり前」みたいな感じでスムーズに回顧ができるのです。実際には競馬場の特徴や騎手のクセなど、回顧前に知っておいたほうがいいことはたくさんあります。そのため、まずは降格ローテを含む、競馬に関する知識をしっかりと学ぶことが最優先と考えています。

③ 見ている人の技量に依存する

レース回顧の最大の利点でもあり、最大の弱点でもあるのが「答えがわからない」ということです。例えば「コーナーで外を回すロス」だとしても、レースによっては外を回すことが不利にならないことや、むしろ距離ロスを考えても外を回したほうが有利なパターンもたくさんあります。それをラップなどで定義しても、当日の馬場状態や逃げ馬の動きによって大きく変化してしまい数値として表すのは難しくなります。だからこそレース回顧は見る人の技量に依存しており、説明が難しいのです。

しかし、これはレース回顧の最大の利点でもあります。見ている人によって解釈が違うからこそ、参入障壁が高く妙味を得られるのです。競馬は他人の知らない武器を持っていれば持っているほど有利になるため、レース回顧はまだまだブルーオーシャンと言えます。

　ここまでレース回顧のデメリットについてお話ししてきましたが、かくいう私も毎週全レース見返して回顧しています。映像を見るポイント等についてお話しするとそれだけで1冊本が書けてしまうぐらいなので割愛しますが、ここでは私が行っている回顧の方法とその魅力を簡単に紹介していきます。

　　　　　　　　　　　　　　　　　　　　ここまでのまとめ

・レース回顧は非常に有用である
・ただし、レース回顧は時間がかかり、加えて難易度も高い

外を回すことは必ずしも不利ではない

　レース回顧において最も簡単に見えるのが「外を回すことによる不利」です。レースを見れば一目瞭然、外々を回ることは距離ロスにつながることがわかります。コーナーの大きさにもよりますが、コーナーで馬1頭分（1m分）外を走ることは約3m長く走ることになり、その分が距離のロスとなるのです。では、実際に外を回すことがすべて不利になるのか？というと、前述の通りそんなことはありません。例えば以下のようなレースは外回しが一概に不利とはいえないレースでした。

1 2021年3月14日　阪神7R
　　ダート1,400m（勝ち馬：ワーズワース）
2 2021年2月28日　小倉11R
　　芝1,200m（勝ち馬：ウォーターエデン）
3 2020年3月22日　中山11R
　　芝1,800m（勝ち馬：ガロアクリーク）

4 2021年5月22日　東京3R
ダート1,600m（勝ち馬：ネオヒューズ）

　1は大外を回った馬がワンツースリー決着になったレースです。ポイントは阪神のダートコースであること。阪神競馬場は右に膨れた形をしており、勝負所である3〜4コーナーはコーナー角が非常に広くなっています。ダートコースだけに限ってみれば、大箱コースと言われる東京よりもコーナー角が広いコースです。競走馬にとってコーナーで外を回すことは距離ロスに加え、遠心力に耐えながら前との差を詰めなければいけないことにあります。

　そのため、一般的に差し馬がコーナーで押し上げるにはこの遠心力を相殺した上で前方向へ加速しなければいけません。しかし、阪神ダートはコーナーが緩やかなため遠心力は弱く、スムーズに前方向へ加速できます。また、ダートコースは内にいることで前の馬が蹴り上げた砂を被る不利が生じます。そのため、阪神ダートコースは距離ロスを最小限に内を立ち回るメリットよりも、砂を被らずに外を回すメリットのほうが大きいコースです。

　2はレース映像を実際に見てもらうのがわかりやすいのですが、ほぼすべての馬が内をあけて大外を回っています。これはロング開催となって内側の芝が傷んだことが要因です。つまり、距離ロスを最小限にするために内を通るメリットよりも、荒れた内の芝を避けて外のキレイな馬場を走るメリットが大きくなったパターンです。このように開催が進んだ芝コースでは内の馬場が荒れることで、外を回すほうが良いことが度々起こります。

　3はレースラップを見てみると、残りの1,000mが12.7-12.3-11.8-11.1-11.4です。特徴としてはスローからの瞬発力戦のようになっており、最後の1ハロンも11.4秒とほとんど減速していませ

ん。この場合、レースの決め手になるのが直線を向いた段階でトップスピードに入る準備ができているかどうかです。車もそうですが、一気にアクセルを踏んだところですぐにトップスピードでは走れません。物体はトップスピードになるために、少しずつ加速していくための助走距離が必要になります。

　上記のようなレースでインを立ち回った馬は逃げ馬の後ろで直線まで追い出せず、なかなか加速していけません。そのため、いざ直線に向いて追い出してもトップスピードで走るためには時間がかかり、結果として追い出し遅れの形で敗戦してしまいます。一方で外を回している馬は少しずつ押し上げていくことで加速し、直線を向いたときにはすぐにトップスピードで走ることができます。そのため、最後まで脚を使うことができるので有利になるのです。

　4もレースラップを見てみると12.4-11.0-11.7-12.6-13.1-12.8-12.0-13.1となっています。特徴としては前半が速く、中間に緩んで、直線で再加速するレースです。この場合、インを通る逃げ〜先行勢は「スタート→急加速→減速→加速」と加減速の多いレースになっています。一方で外を回した差し馬からすれば、スタートから焦ることなく走った上に、レース中間では先行勢が勝手に減速してくるため、特に加速せずとも馬群に取り付くことが可能です。つまり、加減速が少ない上で、直線に向いたときは先行勢と差のない位置で競馬ができるのです。

　動物は加速する際に最もエネルギーを消費します。そのため、速く走るためには一定のペースで走り続けることが理想です。車も同じ距離を走るのであれば下道よりも高速道路のほうがガソリンの消費量が少なくて済みます。これは信号がなく加減速の少ない高速道路のほうがエネルギーを必要としないからです。そのため、上記のようなレースでは外を回して加減速の少ないレースをした差し馬のほうが有利になります。

　以上のように、競馬において外を回すことのメリットが、距離ロスによるデメリットを大きく上回ることがあります。このようにレースによって単純に外を回すにしても負荷が大きく異なることから、レース回顧は見る人の技量に左右されるのです。そして、レース回顧に正解がない（定義がない）という理由もお分かりいただけたことでしょう。そのため、レース回顧の精度を高めていく上で大切なことは、まずは自分の回顧精度を把握することになります。

外を回すメリットまとめ

レース1　砂を被らない
レース2　キレイな馬場を走れる
レース3　直線ですぐにトップスピードで走れる
レース4　加減速の少ない競馬ができる

ここまでのまとめ

・外を回すことは一概に不利とはいえない
・自分の回顧精度を把握することが
　大事（次項）

自分の回顧精度を把握する

　競馬において大事なことは自分を知ることです。よくファンの方から「どうやって馬券を買えばいいのか？」「回顧の仕方間違っていますか？」「血統的には買えないと思うのですが、どうでしょうか？」といった質問をもらいます。しかし、これら多くの質問に共通することは、人によって答えが異なるということです。

　馬券云々の前に、あなたの本命馬や対抗馬の成績がどの程度であるのかわからなければ適切なアドバイスはできません。また、あなたがどういった予想ファクターを重視しており、そのうえでどの程度成績を残せているのか、もしくは長期で儲けたいのか短期的な娯楽のためなのかなど、人によって答えが異なるのです。これは回顧においても同じであり、大事なことは自分の回顧精度を知ることにあります。

　そこで私は、レース中の不利によって結果に影響を与えた事象をすべて集計しています。これを「不利印」として記録しており、あとで不利を受けた馬の成績がどうであったか復習するようにしています。不利印の具体例は以下の通りです。

不利印一覧

Ⓗ　Hペース。オーバーペースで走った馬

Ⓢ　Sペース。物理的に届かない位置で競馬した馬

㊁　詰まる。道中で前が壁になり、追い出せなかった馬や減速を強いられた馬

㊟　砂被る。ダートで砂を被り、明らかに行き脚が鈍っていた馬

㊁　出遅れ。スタートで出遅れた馬

㊁　馬場。馬場的に伸びない部分を進んだ馬

㊊　コーナー外。外を回したことで距離ロスが大きかった馬

㊊　かかる。道中で折り合いを欠き、能力を発揮できなかった馬

風 風。向こう正面が向かい風の際にまくったなど、風向き的に不利
　があった馬

コメ その他の不利コメント。上記に記載されていない不利があった馬

　私はまず、道中の不利を上記の10種類に分類しています。レー
スごとに1頭ずつ見ていき、不利があった馬にこの印をつけていき
ます。予想時にもすぐにわかるように集計しているため、出馬表に
は過去のレース中にどういった不利があったのか一目瞭然になって
います。

　この不利印は障害レースを除く全レースで集計しており、私が
主宰するオンラインサロンにおいて全て公開しています。そのため、
会員様は予想の参考にすることはもちろん、自分がレース回顧する
際の参考に使うこともできるようになっているのです。

ここまでのまとめ

・自分を知ることが大事
・不利印とは、道中の不利を
**　簡易的に表現したもの**

レース中の不利はバレにくい

　そもそもレース回顧がなぜ大事かというと、出馬表からは見抜く
ことができない過小評価された馬を見抜くことができるためです。

　例えば出馬表上で前走着順が10着の馬でも、レース中に不利が
なければ3着だった可能性があります。このように、レース中に不
利があった馬は本来であればもっと上の着順になれた能力を示して
いるにもかかわらず、10着として過小評価されてしまうのです。過
小評価されているということは、言い換えれば妙味があるのと同義

です。すなわち、多くの人にバレていないレース中の不利を見抜く
ことができれば、その馬は次走以降で妙味のある馬になります。

　従って、正しくレース回顧できているのであれば、前走で不利が
あった馬の次走を買うことで、回収率が平均の80%を上回ること
が予想されます。レース回顧の精度を高めていくためには、まずは
自分でまとめた不利印がついた馬の次走成績が向上していることが
重要です。ここで私が集計した不利印がついた馬の次走成績を見て
みると、しっかりと回収率が80%を超えていることがわかります。

2021年の不利印馬の次走成績			
不利印	着度数	単勝回収率	複勝回収率
H	61-53-36-271/421	99%	95%
S	16-11-13-60/100	114%	87%
詰	40-46-47-207/340	78%	88%
砂	15-9-8-40/72	193%	119%
遅	64-63-55-451/633	79%	76%
場	5-5-2-36/48	152%	86%
外	113-103-109-475/800	82%	98%
加	27-15-23-96/161	103%	90%
風	9-5-9-27/50	96%	94%
コメ	29-26-18-104/177	104%	91%

　出遅れだけは回収率がちょうど平均値になっていますが、これは
例年の傾向通りです。私は予想時に出遅れ癖のある馬を知るため
に集計はしていますが、正確に言えばレース中の不利とはいえない
ため回収率には反映されていないのでしょう。この出遅れを除けば、
前走不利印がついた馬の次走成績は全2169頭で単勝回収率95%、

複勝回収率95％と高水準になります。すなわち、私のレース回顧は正しくできていることがわかります。

この成績は前走で不利印をつけた馬をすべて無条件に買った結果であり、これらに降格ローテや枠順を組み合わせて使えば馬券成績が向上するのは言うまでもないでしょう。従って、レース回顧はまだまだ有用な予想ファクターと言えることがわかります。

ここまでのまとめ

レース中の不利は、妙味を生む

不利馬の次走に妙味がある理由

自分が「不利印」をつけた馬の次走が回収率95％前後と、平均の80％を大きく上回る数値になっていました。もちろんこれは短期的な上ブレということも考えられますが、少なくとも前走で不利を受けた馬は妙味があると言えるでしょう。

しかし、そもそも不利を受けた馬の次走はその馬にとって適性的に合っている舞台であるとは限りません。次走ではいきなり距離を延ばしてくるかもしれませんし、はたまた芝でレースしていたのが、突然ダートに変更してくるかもしれません。それにもかかわらず、なぜ妙味があるのでしょうか？　そう疑問に思った方も多いかと思います。そこでなぜ妙味が生まれるのか説明していきます。

① 妙味は過小評価から生まれる

競馬における妙味はその馬を過小評価することから生まれます。これは馬券購入金額に占める購入者層の割合が

❶競馬新聞を見て予想するユーザー
❷数値データを分析するAI勢

が大半を占めるためです。

　例えばA馬の前走が8着であったとします。大半の予想者は出馬表の文字列をそのまま読み取り「この馬は8着程度の力だろう」と評価します。これはAI勢も基本的には同じです。

　しかし、レース映像を見てみると向こう正面で躓き、減速する不利があったとします。その影響は大きく、ゴール前の脚色を見てみてもスムーズな競馬であれば3着くらいはあったと思われます。つまり、本来の実力は3着相当にもかかわらず、出馬表では8着と表記されていることで過小評価されることが妙味を生むのです。

　これは降格ローテも同様の原理で成り立っており、出馬表上は8着と表記されているにもかかわらず、実際は今回のレースよりもHレベル戦での成績であることから過小評価されていることが妙味を生んでいます。

② 次走の舞台適性は関係ない

　前項のように実際は8着であるが、不利がなければ3着だった馬を例に考えます。この馬はずっと芝1,600mで走っており、それ以外の距離やコースは未経験の馬です。この馬の適性距離がどこにあるかはわかりませんが、次走の条件ごとの予想者心理は以下のようになります。

❶次走が芝1,200m
「前走8着の馬が、降格ローテ通り短縮してきた！」

❷次走が芝2,400m
「前走8着の馬が、2400mに距離延長してきた」

❸次走がダート1600m
「前走8着の馬が、ダートに変更してきた」

　条件だけ見ると降格ローテに該当する❶はもちろん買い！ですが、問題はそれ以外です。一見すると距離延長やダート替わりと未知の適性なので買い渋りますが、少なくとも前走8着の馬ではありません。そもそも不利がなければ3着なのですから、次走の条件に関わらず評価は以下のように変えるべきなのです。

❶次走が芝1,200m
×「前走8着の馬が、降格ローテ通り短縮してきた！」
○「前走3着相当の馬が、降格ローテ通り短縮してきた！」

❷次走が芝2,400m
×「前走8着の馬が、2400mに距離延長してきた」
○「前走3着相当の馬が、2400mに距離延長してきた」

❸次走がダート1600m
×「前走8着の馬が、ダートに変更してきた」
○「前走3着相当の馬が、ダートに変更してきた」

　このように次走がたとえ適性が無さそうな舞台であっても、そもそも多くの方（およびAI勢）が「前走8着の馬の条件替わり」として考えている時点で妙味が生まれているのです。

> ・妙味は過小評価から生まれる
> ・次走の適性にかかわらず、前走着順から
> 　能力が過小評価される時点で妙味あり

レース中における逆手前の影響

　レース回顧の一環として、レース中における手前変換があります。手前とは馬が走る際の脚の出方であり、右手前なら右前脚が最後に、左手前であれば左前脚が最後に着地します。

> ※手前とは
> 馬が走るとき、右前肢を左前肢より常に前に出して走ることを右手前という。これは後肢を大きく踏み込んで大地を蹴るための推進作用からくる歩法で、左前肢の場合も同じ。
> 参考:JRA　競馬用語辞典(https://www.jra.go.jp/kouza/yougo/w40.html)

　競走馬はレース中に手前を変換することでスムーズに走っており、実際に2020年チャンピオンズCのレース後コメントでは横山武史騎手や松山弘平騎手が手前変換について言及していました。

5着　モズアスコット（横山武史騎手）

　「 −中略−　手前を替えるのが苦手でしたが、今日はスムーズに替えてくれて、この馬の力を発揮することができました」

10着　エアアルマス（松山弘平騎手）

　「 −中略−　リズム良く運べて、砂も被らずに行けたのですが、手前を中々替えませんでした。」

レース後、2人の騎手が談話で手前変換に言及した20年チャンピオンズカップ。

　このように、直線で手前を変えることで能力を発揮できるが、変えられない場合（逆手前の場合）は能力を発揮できないことがわかります。とはいえ、直線における手前変換は映像を見てもなかなか判別がつきません。そのため、過去に集計している人をみることはなかったのですが、競馬は逆張りが鉄則。誰もやらないからこそ妙味があるので、実際に調べてみました。

　2021年7月末までにおいて障害レースを除く全レース、延べ26,985頭の手前変換を調べてみると、予想通り手前変換が行えていない馬の成績が悪くなっていることがわかります。

正常手前と逆手前の成績（2021年1〜7月末）				
	勝率	複勝率	単勝回収率	複勝回収率
正常手前	11.7%	32.8%	81%	80%
逆手前	7.5%	27.7%	51%	73%

　すなわち、騎手の方が言うように手前変換が上手くできないことは競走能力にマイナスの作用があるのです。数値的にも単勝回収率は51％と非常に悪くなっています。確かに集計していても、ゴール寸前でいつも差されてしまう馬は手前を変えられずにバテていると感じることが多いです。いつも勝ち切れない馬は手前で説明できるかもしれない？と最近の研究課題になっています。

　また、特に手前変換が上手くできない馬は次走でも手前変換できない可能性が高く、そのため前走で手前変換が上手くできなかった馬は次走で買っても能力を発揮できない傾向にあります。例えば手前変換による競走能力への影響が大きい1800m以上の成績を見てみると、以下のようになります。

今走ダート1800m以上における前走の手前変換別成績				
	勝率	複勝率	単勝回収率	複勝回収率
正常手前	12.2%	34.0%	84%	82%
逆手前	10.1%	35.4%	41%	78%

　こちらもデータを見ての通り、前走が逆手前だった馬の次走成績が悪くなっていることがわかります。やはり手前変換をしっかりと

解析することは、馬券に活かすことができる可能性を示唆しました。

手前変換の解析のように、ほとんどの方がやっていないことだからこそ妙味はあります。そしてこの本を読んでいる大半の方は、それでも手前変換の解析を行わないでしょう（非常に時間がかかるので）。競馬は多くの人に知られてしまった馬券術ほど妙味を失うため、だれもやらないであろう解析にこそ意味があると思っています。

また、ここでは紹介しきれませんが、手前変換に関するその他の解析についてはネット上で無料公開しています。以下のURLにアクセスしていただくか、Googleで「手前変換」と検索すれば、検索上位に「【競馬】手前変換が競走能力に与える影響｜とうけいば｜note」がヒットしますので、参考にしてください。

(https://note.com/to_keiba/n/n73c198d690bc)

ここまでのまとめ

・直線で逆手前は競走能力にマイナスの作用
・前走で逆手前の馬は次走も妙味なし
・誰もやらない解析ほど価値がある

馬券への落としこみ

馬券の買い方はさほど重要ではない

　皆様も一度は耳にしたことがある「馬券の買い方は重要だよなぁ」という言葉。買い方とは、ネットで買うか？　WINSまで行って紙馬券で買うか？ということではなく、券種や金額のことを指します。

　たしかに、例え本命馬が1着になったとしても、2、3着馬が当てられなければ馬連や3連複は当たりません。はたまた本命馬が2着まできても、単勝しか買っていなければ馬券はハズれてしまいます。そのため、多くの競馬ファンの方は「単勝買っておけばなぁ」と馬券の買い方で後悔し、いつしか馬券の買い方は大事であると思い込むようになります。

　しかし、私はそもそも馬券の買い方が重要だとは思っていません。単勝を買っていない時に2着になったり、馬連を買っているときに3着になることが多い気がするのは、本書の冒頭でも述べた認知バイアスにほかなりません。

　もちろん、全くもって無視していいわけではありませんが、馬券が外れた際に「馬券の買い方は大事だな」と言っているのは言い訳にしか聞こえないのが正直なところです。なぜなら多くの場合、以下に示す2つの点さえ守れば馬券について問題になることはないのです。

❶本命馬の精度を上げる
❷一定のルールのもとで買い続ける

　まず買い方を嘆く以前の問題として、本命馬の精度が高くなければ話になりません。いうまでもなく過去に本命にした馬の単

勝、複勝回収率が約70%と平均を下回っているのであれば、買い方でどうこうの問題ではなくなります。短期的に勝ちたいのであれば別の話ですが、少なくとも本書を手に取りここまで読んだあなたは長期的に勝ちたいと思っていることでしょう。であれば、まずは本命馬の選出精度を上げるべきです。

なぜそこまで本命馬の成績が重要であるかというと、本命馬の成績がよければ馬券は総流しでも勝てるからです。例えば本命馬から馬連を買う際、相手を人気馬にしようが、穴馬にしようが、はたまた全頭に総流しにしようが、基本的には期待値は1を超えてきます。短期的な視点でみれば相手を絞ったことで外れてしまうレースもありますが、少なくとも同じ基準で（例えば本命馬から1〜5番人気に流しなどで）買い続けるのであれば最終的にプラス収支に落ち着くでしょう。そのため本命馬の精度が良ければ、相手を絞ることで短期的にハズれることはあるものの、最終的な収支はプラスに収束していきます。

また、本命馬の精度と同じように大事なことは一定のルールで馬券を買うことです。例えばなんの根拠もなく最終レースで取り返すべく大金を賭けたり、負けこんでしまったから賭け金を少なくしたりしたことは誰しもが経験あるでしょう。期待値をしっかりと理解している方なら当たり前のことかと思いますが、上記のようなシミュレーションは同一金額で賭けた場合の成績です。ですから、なんの根拠もなく賭け金を変動させれば、理論通りプラスに収束しない可能性は十分考えられます。

かなりマイナーパターンとして、相手選びが致命的に下手であり、芸術的なまでに妙味のない馬ばかりを相手に買っていた場合のみマイナスになる可能性は考えられます。しかし、このように相手選びが下手な場合に関しても、私は買い方の問題だとは思いません。そもそも本命馬の精度が高い人は、本書で紹介してきた期待値の概念や過剰人気の傾向がわかっているはずです。であれば、相手選びが

致命的に下手ということはあり得るわけもなく、従ってそもそもの
本命馬の精度に問題がある場合が大半なのです。

　すなわち馬券においても一番大事なことは自分を知ることです。
そして本命馬の成績を集計することはもちろんですが、対抗以下の
成績も集計することでより一層利益を得ることができるでしょう。

本命馬（軸馬）は1頭に限定しない

　本命馬の定義は人それぞれ異なります。人によってはそのレース
で最も強いと思った馬に本命◎を打つでしょうし、またある人は最
も妙味がありそうな馬に本命◎を打つでしょう。ここでは本命馬の
定義を後者としてとらえ、妙味がある馬に本命を打つことにします。
もちろん、私の予想も同様に妙味がベースになっています。

　妙味のある馬とは、言い換えれば期待値が1を超える馬のことで
す。本命馬の単勝を買い続ければプラス収支になる場合、期待値は
1を超えていると考えられます。単勝回収率でいえば100％を超え
る馬のことです。

　一般的な競馬新聞では本命印◎は1人1頭であることがほとんど
です。しかし、上記のように期待値が1を超える馬が本命であるの
であれば、その全ての馬に本命を打つのが正解になります。

　少し極端な例で考えてみましょう。以下のようなレースがあった
場合、はたしてどの馬を本命にするのが正解でしょうか？

①ディープインパクト	単勝100倍
②ナリタブライアン	単勝1.1倍
③シンボリルドルフ	単勝100倍
④オルフェーヴル	単勝100倍

　上記の4頭は歴代の三冠馬たちです。どの馬も時代を盛り上げてきた名馬であり、かなり強い馬であることは間違いありません。どの馬が勝つか判断は難しいですが、ほとんどの人がナリタブライアン以外の単勝を全頭買うと思います。どう考えても単勝100倍はお得な気がしますし、そしてその判断はもちろん間違っていません。

　もう少し詳しく見てみると、ナリタブライアンのオッズは1.1倍となっています。この馬の期待値が1を超える場合は、予想勝率が91%を超えなければいけません。実質的に収支のプラスを意識するのであれば、最低でも予想勝率が95%ないと儲かるとはいえないでしょう。もちろん、どう考えてもそんな勝率があるのは思えませんし、期待値は相当低いことが予想されます。

　一方でその他の3頭は単勝オッズが100倍です。期待値が1を超えるためには予想勝率が1%あればいいことになります。正直、4頭の中でどの馬が一番強いかは見当すらつきませんが、どの馬も同じ強さであれば予想勝率は25%です。それだけで期待値は25と破格になるので、やはりナリタブライアン以外の全頭の単勝を買うことは間違いではないことがわかります。

　これは極端な例ですが、このように期待値が1を超えるであろう妙味のある馬は、同一レースに複数いることがあります。その場合、わざわざ1頭だけに絞って本命を打つのはもったいない行動です。先ほどの例でいえば、ディープインパクトの単勝だけ買うのは他の期待値1超えを捨てていることと同義です。わざわざ長期的に儲かるチャンスが目の前にあるのですから、本命馬を1頭に絞ってしまうことは機会損失と言えるでしょう。

※機会損失
本来、得られたはずの利益を見逃し、得る機会を失うこと。

　そして本命馬は1頭とは限らないのですから、買うべき馬券の軸も1頭である必要性はありません。前述の通り、どの馬から買っても長期的に考えればプラス収支が期待できるのですから、軸も2頭いるほうが的中率も上がり効率がよくなります。もっと言えば期待値が0.9（回収率で言えば90％）程度の軸馬でも、3連系などの馬券を組めばプラス収支は十分に狙えるため、対抗馬の成績も良い人は本命、対抗馬を複数軸にして買うことをお勧めします。

ここまでのまとめ

・本命馬は1頭とは限らない
・軸馬も複数あってしかるべき

「回収率が高い＝正義」ではない

　同一レースに複数頭の妙味ある馬がいる場合、全ての馬を本命として賭けるのが正解とお話ししました。先ほどの4頭の例をもう一度あげると、単勝を1頭買ったときと、3頭を買ったときでは期待値が異なることがわかります。

①ディープインパクト	単勝100倍
②ナリタブライアン	単勝1.1倍
③シンボリルドルフ	単勝100倍
④オルフェーヴル	単勝100倍

　もし仮に4頭が同じ強さであると仮定した場合、予想される勝率

このレース、あなたはどう買う？

1	▲ ○ △ ◎ ○	武 豊	**ディープインパクト**	100倍
2	○ ▲ ○ ○ △	南 井	**ナリタブライアン**	1.1倍
3	△ ◎ ▲ ▲ ○	岡 部	**シンボリルドルフ**	100倍
4	◎ △ ○ △ ▲	池 添	**オルフェーヴル**	100倍

は 100÷4=25％ となります。もしナリタブライアン以外の 1 頭だけを買った場合、期待値は 100×0.25=25 となり、予想される回収率は 2500％ です。しかしこの場合、他の妙味ある 2 頭を購入していないことから、的中率は 25％ となります。

　一方で 3 頭買った場合の予想回収率は平均値となるため、2500÷3≒833.3％ となり、やや低くなるのです。3 頭の単勝を買うほうが予想回収率は低いのですが、こちらは的中率が 3 倍になるため、75％ の確率で的中することができます。

1 頭買い　予想回収率 2500％　予想的中率 25％

3 頭買い　予想回収率 833.3％　予想的中率 75％

　一見すると 1 頭買いのほうが予想回収率は高いため優秀に見えます。しかし、競馬をする上での最大の目標は資金を増やすことです。そのため大事なことは目の前の予想回収率ではなく、いかに多くのレースに参加して資金を賭け続けられるかが重要になってきます。

　1 頭買いだけを好む人の場合、想定される基準期待値が高く、参加レース数は少なくなりがちです。上記の例でいえば予想回収率が 2500％ を想定して馬券を組むわけですから、ほとんどのレースが参加基準に満たなくなります（2500％ は極端な例ですが、150％ を想定とした場合も同義です）。一方で 3 頭買いの場合は 100％ を超えるものは全て参加するため多くのレースに参加できますし、何よ

答　え

①ディープインパクト、③シンボリルドルフ、④オルフェーヴルの単勝

※4頭同じ強さだと仮定した場合、予想勝率は25%

A

1頭を選んで買う

予想回収率／2500%
予想的中率／25%

B

3頭とも買う

予想回収率／833.3%
予想的中率／75%

**Aの方が回収率は高いが、
多くのレースに参加して複利も活用できる
Bの方がお金を増やしやすい**

り的中率が高いため複利で資産を増やせるのです。

※複利とは
運用で得たお金を元本に足して再運用すること。
競馬で言えば全資金の1%を賭けるというルールを決めた場合、
的中率が高ければ賭け金をすぐに上げていくことになり、
最終的な利益が大きくなる。

　このように、競馬においては資産を増やしていくことが最大の目的になるため、回収率が高いからと言って必ずしも優秀とはいえません。実際、予想回収率が100%を超える馬（馬券）を可能な限り買うのであれば、人力の場合110%程度を目標に参加レース数を増やしていくのが理想的と言えるでしょう。

ここまでのまとめ

・回収率よりも最終的な資産が大事
・参加レース数を増やしていくことが大事

軸馬は好走するまで注目しよう

　本命馬の話になったので、ここで降格ローテの話も兼ねて復習タイム。降格ローテはHレベル戦→低レベル戦のローテーションであることから、過去に強い馬と戦ってきた経験があります。着順の悪さ以上に能力を示していることからも、妙味があるのでねらい目になるのです。

　しかし、競馬とはうまくいかないもので、例え能力があって妙味のある馬だったとしても、毎回のように好走するわけではありません。展開が向かなかったり、騎乗ミスによって不利を食らったり、スタートで出遅れてしまったりと不確定要素により敗戦してしまうことは良くあります。

　そもそも馬券になる馬として、過去に能力を示した馬を選ぶわけですから、敗戦したところでいつか勝ち上がる可能性が高いのです。また降格ローテのように、出馬表の見た目以上に能力を示している場合は、2走前にその履歴があっても妙味はある程度継続します。実際、私が今年本命にした馬の次走成績は単勝回収率91％と優秀でした（※単勝40倍以下、2021年7月末現在）。

　そのため、少なくとも降格ローテを基準に選んだ軸馬は、敗戦後も注目馬となります。

　このように、少なくとも過去に能力を示した馬を本命にしているのであれば、敗戦した後も追いかけ続けることは有効な手段といえます。また、同様に穴をあける馬というのはいつも同じような馬です。これは予想者心理によって過剰人気の馬はいつも同じような馬であることからもわかるかと思います。そのため、妙味のある馬が敗戦した際、次走も妙味がある場合が多いのです。

期待値1（回収率100％）を理解する

　いくら妙味があり、予想される回収率が100％超えの馬券術があったとしても、いつかは必ず連敗が続く不調期が来ます。実際に年間収支がプラスである予想家でも、1年間のうちどこかで大穴を的中させてプラスにしている方がほとんどです（断りをいれますが、中には安定してプラス収支を出す優良な予想家様もいらっしゃいます）。

　もちろん、年間のうちに大穴を当ててプラスにできること自体は、本当にすごいことに変わりがありません。とはいえ、そういった馬券術の場合は連敗時にも賭け続けるメンタルが必要です。本書を読んでいる人の中にも予想家の予想に丸ノリしてハズれ続け、辞めた途端に的中していて悔しい思いをした人もいるかと思います。

　そこで、まずは期待値1（回収率100％）以上の馬券が、どの程度の的中率になるのか把握し、しっかりと連敗の可能性に向き合った上で賭けることが重要になります。

　例えば予想回収率が110％の場合、単勝オッズ別の的中率は以下のようになります。

単勝5倍	的中率22％（5回中4回はハズレ）
単勝10倍	的中率11％（9回中8回はハズレ）
単勝15倍	的中率7.3％（14回中13回はハズレ）
単勝20倍	的中率5.5％（18回中17回ハズレ）
単勝40倍	的中率2.8％（36回中35回ハズレ）

　つまり、単勝オッズ10倍の単勝馬券を買う際は「9回に1回当たればいいや〜」くらいの気持ちで見なければなりません。アニメ『コードギアス　反逆のルルーシュ』で主人公のルルーシュが「撃っていいのは撃たれる覚悟のある奴だけだ」と敵軍に放ったセリフ

がありますが、これは「単勝10倍の馬を買うのは、9回中8回はハズレてもいい覚悟のある奴だけだ」というわけです。

　これは重賞しか買わない人であれば、月に1レース当たればプラスくらいの感覚です。自分の予想がプラスの自信があれば、このくらいの連敗であれば何も思わなくなりますし、それを理解した上で馬券を購入できるでしょう。

　また、仮に単勝10倍前後の馬で回収率110％を目標としている場合、単勝の的中率は11％です。この馬券の連敗確率を出すと以下のようになります。

1連敗	89%	15連敗	17.4%
3連敗	70.5%	20連敗	9.7%
5連敗	55.8%	50連敗	0.3%
10連敗	31.2%		

　例えば5連敗する確率は55.8％なので、開始タイミングから2回に1回は5レース連続でハズれます。つまり予想回収率が110％と優秀な馬券術であっても、もっている資金の5分の1以上賭けてしまったら半分以上の確率で破産することになります。1万円のお小遣いで競馬をやっている方であれば、1頭に2000円ずつ買うのと同義です。その場合、せっかく長期で運用できればプラスなのにもかかわらず、途中で資金が尽きてリタイアせざるを得ないでしょう。

　同様に資金を10分の1、つまり1万円のお小遣いで1000円ずつ賭けていても、約30％の確率で10レース連続ハズれます。たとえ運よく途中で当たったとしても、資金が尽きてリタイアになる可能性は高いでしょう。

　このように過去の本命馬成績や、購入するオッズ帯からある程度の的中率は予測可能です。また、上記に示したような連敗確率も頭

にいれておくことで適切な資金管理ができるようになります。私の場合、競馬資金の0.5％以上は1レースに賭けないとルールを設定しています。これは万が一に備え、200連敗までは資金が尽きずに馬券を賭け続けるためです。

ここまでのまとめ

・単勝オッズから的中率をイメージする
・的中率から連敗確率を頭に入れる
・途中でやめない資金配分が大事

馬券の価値観

私は以前、前職の会社で「競馬が好きです！」という話をした際「今まで最高でどのくらい当てたことある？」と聞かれたことがありました。会話の感じから1レースでどのくらい大きな金額を当てたことがあるか？という意味だとは理解できたのですが、この時にいだいた強烈な違和感が今も心に残っています。

というのも、当時から競馬はコツコツと増やしていくスタンスであったため、自分の馬券は単勝ワイドをメインとし、的中率を重視した構成にしていました。当時は資金面から3連系の馬券など滅多に買っていなかったので、大きな金額を当てることはありません（というか当てたいと思ったこともありませんでした）。

また、金額ではなく賭け金に対して何％回収できたかという考え方をベースにしていました。そもそも、大きな金額を当てたいのであれば大金を張ればいいわけで、「この人は一体、何を聞きたいのだ…?」と、疑問に思ったものです。

そこで私が思ったことは、馬券の価値観は人それぞれだということです。私のようにコツコツと利益を積み上げたいという考え方の

人もいれば、みんなに自慢できるような万馬券を当てたいという人まで様々です。もっと言えば月のお小遣いの中で競馬をしているのか、まとまったお金を用意しているのかという資金面の違いによっても、買うべき馬券は異なります。

そこで買い方の講義の前に、ここでも大事になることは「自分を知ること」です。自分はどのくらいの資金があるのか？　どういった馬券を当てたいのか？　どの程度のスパンでプラス収支を目指しているのか？　あくまでも馬券という手段の正解は、目指すべき目標と現実とのギャップから導き出されるのです。

参考までに、私はこれまで多くの方の馬券の相談にのってきましたが、毎回言っていることが「3連系の馬券を買うのを辞めろ」ということです。なぜなら、そうやって相談してくる人の多くは負けが続いていたり、お小遣いがなくなってしまった方だからです。そもそもまとまった資金がなければ、3連系ではプラスに収束する前に資金がショートしてしまうでしょう。これは前章の連敗確率からも想像に難くないと思います。そのため、私はワイドを主体とした馬券をオススメしますが、前述の通り万人の正解ではないため、まずは自分を見つめなおし自分にあった馬券を選ぶことが大切です。

ここまでのまとめ

・競馬の目的をしっかりと設定する
・目的にあった馬券を購入する
・負けてイライラしたり、
　資金が少ないなら3連系は買うな

競馬への向き合い方

自分を知る

本書でも散々目にしてきた「自分を知る」という言葉。レース回顧の精度を上げるにせよ、どんな馬券を買うにせよ、まずは自分を知ることが大事です。それは競馬の目的が人によって違うということが最もな要因となっています。

競馬に限らず、何かしら解決手段が必要な状況とは、少なくとも理想と現実にギャップが生じている証拠です。飲食店のオーナーであれば「赤字になってしまったので、売り上げを伸ばしたい」といった感じしょうか。この場合、理想は黒字であり、現実は赤字となります。ここにギャップが生じているからこそ、解決手段が必要となるのです。

これを競馬に例えると、そもそもの理想や目的が人によって異なっていることがわかります。「万馬券を当てたい」「コツコツ増やしたい」「好きな騎手を応援したい」「トータル負けでもいいから、お小遣いの中で楽しみたい」「とにかくワイワイしたい！」などなど、競馬との向き合い方は人それぞれなのです。

ですから、何よりも自分を知ることが真っ先にやることです。本書を手にしている多くの方はおそらく、競馬予想をうまくなりたいというぼんやりとした目標はあることでしょう。そしたらまずは自分の予想成績を知ることから始めてください。その上で、どの程度の連敗なら耐えられるか？　資金はどのくらいあるのか？　と、状況を細かく詰めていくことで、あなたに合った馬券術が完成します。

また、本命馬の成績も細かく見ていくことが大事です。これはあくまでも予言的なものですが、昨年の予想成績などを集計している方は、本命馬の前走着順別成績を出してみてください。おそら

く、前走が6着以下の馬の回収率が良くなっている人が多いのではないでしょうか。この気づきこそが降格ローテの原点です。であれば、今後は前走6着以下の馬から本命を打つルールを作れば、より精度のいい馬券術となっていくかと思います。

少なくとも、馬券で勝っている多くの方は、このように自分を知るためになんらかの努力をした人達です。おそらく来年プラス収支を達成している人は、この本を読み、真っ先に自分の予想を集計し始めた人の中にいることでしょう。

ここまでのまとめ

・自分の理想（目的）と現実とのギャップからとるべき手段を考える

・まずは自分の予想成績をしっかりと集計する癖をつける

「競馬はブレる」を理解する

どんなに優秀な予想家でも、週単位で見ればマイナスになることはよくあります。実際に、メディアに出ている予想家や億を手にした有名馬券師の話を聞いても、週単位どころか数カ月間マイナス収支になることはよくあることです。それでも、いわゆる勝ち組と言われる人達はブレずに馬券を買い続け、年単位で見ればプラス収支に落ち着いています。

とはいえ、人間誰しも連敗が続けば不安になるもの。一生懸命稼いだお金が消えていくのは、鉄のメンタルの持ち主でも心はブレてしまいそうです。しかし、言わずもがな自分の予想法に自信があるのであれば、一時的な連敗でブレてはいけません。そのために、まずはなぜ連敗が起こってしまうのか理解する必要があります。

　ここで、架空人物のAさんは本命馬は1番人気以外から選ぶというルールを決めたとします。購入馬券は単勝で、昨年はこの馬券法でプラス収支を達成しました。しかし、2021年が始まって早々に、1番人気の馬が勝ちまくる現象が起きました。

2021年　単勝1番人気の成績	
1月1週目	単勝回収率104%

　実際に上記の1週間は1番人気の馬を買い続けるだけでもプラスになります。つまり、相対的に他の人気馬の回収率はガタ落ちです。当然、1番人気以外の単勝を買っているAさんはとんでもなくボロ負けしてしまいました。さて、ここでAさんはメンタルが崩壊し、何を思ったのか1番人気の馬も積極的に買うとルール変更します。「AIによって各馬の能力が適切に評価され、順当に決まることが多くなったのだろう」と、それっぽい仮説をもとにルール変更したそうです。

　そしてその結果はというと、その後はボロ負け街道を突き進むことになります。

2021年　単勝1番人気の成績	
1月1週目	単勝回収率104%
1月2週目	単勝回収率77%
1月3週目	単勝回収率80%
1月4週目	単勝回収率77%

　このように、いつまでも負け組の人は1週間負けただけでもすぐにルール変更してしまう方です。そもそも、競馬は1日で最大でも36レースしか行われないのだから、週単位で傾向がバラつくのは至極当然のこと。これはほんの1例であり、人気馬だけに着目して

もブレているのが競馬です。たとえ自分の予想がブレなかったとしても、競馬そのものがブレているのですから、収支がばらつくのは至極当然のことと受け入れるべきなのです。

競馬はいつも同じように行われているのではなく、ある程度のブレの中で行われている。これをしっかりと理解できていれば、目の前の連敗なぞ全く気になりません。それでもブレてしまうという人は、プラス収支の馬券術を身に付けていないか、おそらく失いたくないお金でギャンブルをしている可能性があります。まずは資金を貯めた上で、余剰資金で馬券を購入するようにし、ブレないメンタルをつくりましょう。

ここまでのまとめ

競馬自体がブレていることを理解する

"わからない"は宝の山

ついに本書も最後の項目となりました。これまで降格ローテを中心に、それにかかわるデータや競馬の考え方についてお話してきました。中には数字ばかりのデータや見たことのない単語など、難しいと感じる内容もあったでしょう。しかし、あなたにとって"わからない"の数だけ、本書は宝であることを忘れないでください。

これは競馬に限った話だけではありません。本は著者の経験や考え方を最短距離で学べる唯一無二の形です。私もこの降格ローテをうみだすために、これまで15年以上競馬と真剣に向き合ってきました。時には専門ではない統計学の勉強に励み、またある時は日本ウマ科学会の会員になり専門的な知識の習得に励みました。この本

はまさにその集大成ともいえます。

そして、今あなたの目の前にある"わからない"は今まであなたが経験してこなかったものです。それは貴重な情報であり、間違いなくあなたの糧になります。初めから全てを理解しようとせず、少しずつ学んでみてください。それはあなたの競馬人生の宝になると断言できます。

また、逆に本書を読んで知っていることばかりの人にとっては、少しでも復習になれば幸いです。知識の整理や考え方を見直すキッカケになれば、この本を手にした価値はあると思います。

ここまでのまとめ

わからないの数だけ宝がある

降格ローテ

降格ローテ
Q&A

Q① 降格ローテは全クラス対応ですか？

A 前走と同一クラスの時が条件です

降格ローテは前走と今走が同一クラスの場合に採用しています。例えば、未勝利の出走機会が減少し、1勝クラスへ格上挑戦してきた馬はそもそも昇級しているため、メンバーレベルの比較ができなくなります。

例）2021年8月14日札幌8R 3歳上1勝クラス ダ1700m

㊫ブラックタイド㊥㊝ 牡3	1札⑤6・26未勝利10ト 7	1函❹7・11未勝利14ト 6	1函⑫8・8 未勝利14ト 12
ガ レ ア	毛ダ1488 横山琉53▲	毛ダ1451 黛 56	毛ダ1498 黛 56
アンジェラスキッス① 黒鹿	H38.2-39.8 7 7 8 9 外	H37.5-38.3⑫ 12 10 7 外	M39.1-38.8 8 10 11 10 外
Gone West ㊦㊥	オーホンブリ1.8 468 5 ダ5人気	マンオブカレ0.8 466 3 ダ10人気	グランディス1.9 470 5 ダ9人気
㈲フジワラF フジワラファーム	札ダ5 69.7 39.8 12.4 ⊡ ○	函ダ4 58.9 43.6 13.1 ⊡ ○	函ダ5 68.3 38.9 12.4 ⊡ ○

➡ 前走12着で3歳限定戦→3歳以上戦だが、未勝利→1勝クラスの格上挑戦のため降格ローテではない。

Q② 降格ローテ④は2歳限定戦→3歳以上戦も含まれますか？

A データ上は含まれていませんが、降格ローテに該当します

降格ローテ④は「世代限定戦＝Hレベル、3歳以上戦＝低レベル」と考えているため、2歳限定→3歳以上戦のような場合も降格ローテ④に該当します。

例）2021年7月24日新潟8R 3歳上1勝クラス ダ1800m

ヘニーヒューズ㊦ 牡3	4京❷10・11新 馬11ト 1	5阪⑤11・21もち1勝14ト 9	骨折・放牧
ド ン カ ポ ノ	天ダ1523 北村友55▲	天ダ1560 岩田康55△	馬体成長し
エルクイーン⓪ 鹿毛	M37.0-37.2② 2 2 2 内	M39.2-38.6 12 13 12 11 内	初戦①着 推定馬体518
Tiznow㊥	0.2アレグリッシ 510 6 ダ2人気	ホールシバン2.2 506 7 ダ6人気	中9週以上0000
山田貢 土田農場	CW 85.6 39.7 12.6 ⬈ △	CW5 73.2 39.7 11.9 ⊡ ○	

➡ Hレベルの2歳限定もちのき賞9着から3歳以上1勝クラスへの降格ローテ。4番人気3着。

Q③ 降格ローテ⑦は芝ダート共通ですが、「前走ダートの別定戦→今走芝のハンデ戦」のようなトラック替わりも含まれるでしょうか?

A 含まれません

　降格ローテ⑥「芝・ダートによる降格ローテ」を除き、その他の降格ローテは前走と同一トラックが条件です。降格ローテは前走と同一トラックが条件であり、本書のデータも前走が同一トラック（芝→芝、ダート→ダート）の馬のみデータとして集計しています。また、同じく芝・ダート共通の降格ローテである降格ローテ④についても同様です。

Q④ 降格ローテ④より、3歳以上戦では3歳馬を狙うということは、4歳以上の古馬は無視してもいいのでしょうか?

A 本命（軸）としては不向き。ただし他の降格ローテ該当馬であれば拾う価値あり

　降級制度廃止後の6～8月における3歳以上1勝クラスの古馬（単勝オッズ40倍以下）の回収率を調べてみると、単勝回収率64.8%、複勝回収率76.0%と水準よりも低くなっています[※]。また、比較対象として同時期における3歳馬は単勝回収率83.9%、複勝回収率80.9%と明らかに古馬よりも高水準です。

　数値だけみてもやはり狙いは3歳馬ということが言えるでしょう。とはいえ、古馬も複勝回収率が76.0%もあるのであれば、無条件に嫌うほどではありません。そのため古馬の中でも別の降格ローテ、例えば上位ランク競馬場→下位ランク競馬場経由の馬や、性別的に拾えるといった理由があるのであれば、しっかりと印はおさえて問題ないと考えています。

[※]2勝クラス以上はそもそも出走馬の大半が4歳以上の古馬なので割愛。

⑤ 降格ローテは前走6着以下から選ぶから、近走の着順が良い馬は買わないのでしょうか?

A 相手として買うことはありますが、本命(軸)にすることは少なくなります

実際に私が今年 (7月末までに) 本命を打った334頭を前走着順別に解析した結果、以下のようになりました。

前走1着：9頭
前走2着：9頭
前走3着：15頭
前走4着：37頭
前走5着：43頭

前走6〜9着：154頭
前走10着以下：64頭

　このように少なくとも私は近走着順が悪い馬を本命にすることが多いです。これは降格ローテや近走の不利により能力の割に着順の悪い馬こそ妙味があると考えているからです。

⑥ 枠番を重視すべきとのことですが、出走頭数により意味合いが異なりませんか?

A 無視できる範囲として考えています

　例えばフルゲート18頭立ての8枠と、小頭数の10頭立てレースにおける8枠では同じ8枠でも意味合いが異なりそうです。しかし、私は以下の理由で出走頭数による影響を無視しています。

① 8枠であれば相対的に馬群の大外を追走する意味合いは変わらない
② 出走頭数が大きく変動する条件は少ない
③ 出走頭数が大きく変動する際は開催週が異なっていたり、クラスが異なっていたり、仮柵の設置によるフルゲート頭数の変化などによるものが多い。そのため回収率に変化があっても枠番の影響か、もしくは開催替わり (クラスや馬場など) の影響か判断が難しいため一律に枠番の影響と言い難い。

❼ オススメの券種はありますか？

Ⓐ ワイドです

　券種に関しては「3-5 馬券への落としこみ」でも説明したように、万人に合ったものはありません。そのため個人個人に合った券種を検討していただくのが一番ですが、強いいうのであれば私はワイドをオススメします。特に相手を絞りすぎなければ的中率は高く担保しつつ、回収率も安定させることが可能です。

　例えば今年の私の本命馬の複勝率は約37%です。仮に相手を広めに買ってワイドの的中率が30%だった場合、同一の相手で馬連を買うと的中率は10%になります。一見するとそこまで差のないように思えますが、想定される的中率が20%異なると、連敗する確率は非常に大きくなります。

　見ての通り、ワイドを主体の馬券であれば15連敗する可能性は1%以下

とほとんどありません。このくらいの確率であれば年に1回あるかないかでしょうし、ほとんど気にしなくてもいいでしょう。

　一方で馬連の場合、15連敗する可能性は20.6%もあります。これは月に複数回15連敗してもなんら不思議ではない数値です。

　よほど資金に余裕がある場合を除き、ほとんどの方は連敗が続くと辛くなるでしょう。競馬という最高の娯楽を楽しむためにも、ある程度の的中を担保できるワイドは非常に使い勝手のいい券種です。

　また過去レースでのシミュレーションをする際、1レースあたり3パターンの的中があるワイドは、サンプル数確保の観点からも安定した収益を得られる可能性が高くなります。

券種ごとの連敗確率

連敗数	ワイド	馬連	連敗数	ワイド	馬連
1連敗	70.0%	90.0%	10連敗	2.8%	34.9%
3連敗	34.3%	72.9%	15連敗	0.5%	20.6%
5連敗	16.8%	59.0%	20連敗	0.08%	12.2%

Q8 どうしてもメンタルが弱く、負けるとイライラしてしまいます

> A メンタルはなかなか強化できません。従って、メンタルがブレない環境を作ることを意識しましょう

　メンタルはなかなか強化できないということをしっかりと理解することが大事です。もちろん、経験を積めば少しはメンタルが強化されることもあるでしょう。しかし、私も29年生きてきて、この年から性格を変えるというのは非常に難しいというのを実感しています。しかし、周りの環境を変えることはいくらでも可能です。なぜ、自分がイライラしてしまうのか？　しっかりと考え、その原因を除いていくことでイライラする数は減るでしょう。本書でもいくつか対策は述べていますが、以下に示すものがその例です。

1 ハズれるのが嫌!
➡的中率が高い券種を選びましょう

2 お金を減らしたくない!
➡まずは賭けることを辞め、お金を貯めてください。余剰資金だけ賭けるようにし、必要なお金には手を出さないでください。もしくはしっかりと競馬の勉強をしてから賭けるようにしましょう。

3 連敗に耐えられない!
➡想定される連敗確率を計算してください。その上で許容できない確率であれば、賭けるべきではありません。

4 SNSの的中報告がうざい!
➡SNSが向いていません。ミュートするか、SNSを辞めましょう。

競馬の勉強のモチベーションが あがりません

A **時給で考えてみてください**

どのギャンブルでも資金管理の上で重要な基準が「時給」です。例えばスロットの場合は1枚20円と最大賭け金が決められていることから、設定からある程度の時給は予測できます。一方で株やポーカー、競馬は賭け金の幅が大きいことから、実力さえあれば時給はいくらでも上げられるのが特徴です。

一生懸命、資格の勉強をして会社に貢献しても時給（年収）は一気に上がるわけではありません。一方で競馬は勉強すれば賭け金を上げることで想定される時給は飛躍的にあがります。もちろんお金が減るリスクもありますが、これは競馬の魅力の一つです。

とはいえ、簡単なことではないのは事実です。自分もお金を賭けず、練習のために予想していた期間だけでも5年以上はあります。それでも義務教育のために学校に行っていた9年よりは短いですし、努力する意味は十分と考えていました。

降格ローテ

出馬表が
出たらまず
チェック!!

本書で紹介した7つの降格ローテを一覧表で
まとめました。出馬表が発表されたら、まずは
この表を使って該当馬をあぶり出しましょう。

降格ローテ	名称	対象トラック
降格ローテ①	栗東馬の割合による 降格ローテ	ダート
降格ローテ②	性別と距離による 降格ローテ	ダート
降格ローテ③	性別と開催時期による 降格ローテ	芝
降格ローテ④	馬齢による降格ローテ	芝 ダート
降格ローテ⑤	距離変動による降格ローテ	芝
降格ローテ⑥	芝・ダートによる降格ローテ	ダート
降格ローテ⑦	ハンデ戦による降格ローテ	芝 ダート

早見表

狙い馬の共通ルール

全てのパターンにおいて、前走6着以下の馬が対象

単勝オッズ40倍以上の馬は除外する

前走	今走	備考
上位ランク 競馬場	下位ランク 競馬場	阪神・京都以外のダートで適用可能
牡牝混合 1,400m以上	牝馬限定戦	今走、牝馬限定出走の牝馬が対象
12～4月の 牡牝混合戦	5～9月の 牡牝混合戦	今走が牝馬限定戦の場合は該当しない
3歳限定戦	3歳以上戦	ダートは特に好成績
1600m以上	1000m・ 1200m	
芝 （3コーナー 10番手以下）	ダート	3コーナー順位は脚質でも代用可
ハンデ戦以外	ハンデ戦	

危険な人気馬を見抜け!! 昇格ローテ

降格ローテの反対（＝昇格ローテ）の馬が人気
その馬は、危険な人気馬である可能性が高い

昇格ローテ	名称	対象トラック
昇格ローテ①	栗東馬の割合による昇格ローテ	ダート
昇格ローテ②	性別と距離による昇格ローテ	ダート
昇格ローテ③	性別と開催時期による昇格ローテ	芝
昇格ローテ④	馬齢による昇格ローテ	芝 ダート
昇格ローテ⑤	距離変動による昇格ローテ	芝
昇格ローテ⑥	芝・ダートによる昇格ローテ	芝
昇格ローテ⑦	ハンデ戦による昇格ローテ	芝 ダート

200

早見表

しているレースは要チェック。
ので穴馬券奪取のチャンスです。

前走	今走	備考
下位ランク 競馬場	上位ランク 競馬場	中山・東京経由の人気馬 は多いので要注目
牝馬限定戦	牡牝混合 1,400m以上	
5～9月の 牡牝混合	10～2月の 牡牝混合	秋～冬の時期が降格ロー テと異なる点に注意
なし	なし	ほぼ存在しないパターンな ので考慮しなくてOK
1000m 1200m	1600m以上	
ダート （3コーナー順位 10番手以下）	芝	3コーナー順位は脚質でも 代用可
ハンデ戦	ハンデ戦以外	

おわりに
〜週末の主人公〜

物心ついた頃には競馬場に通っており、幼いころから競馬が身近にありました。高校、大学と進学するにつれ、麻雀やスロット、ポーカー、マラソン、アニメなど様々な趣味を見つけましたが、今まで一度も競馬を見捨てることはありませんでした。ついには大学院まで進学し、中学の頃からの夢であった研究者になったのもつかの間。気づいたら全てを捨てて競馬の世界に飛び込んでいます。いうまでもなく、私は競馬の魅力に取りつかれていました。

　令和という新元号になり、一人ひとりが尊重される社会を目指すとはいえ、現実は追いついていません。会社に入っても自分の意見はなかなか聞いてもらえず、上司の指示に従うばかり。運よくやりたいことができたとしても、気づけばその手柄は上司のものになっています。落胆してお酒を飲んでも明日はやってくる。休む間もなく、また同じ日常が繰り返されていきます。

　そんなとき、競馬はいつも私を救ってくれました。競馬は自分で情報を集め、予想という形で決断できます。その意見は馬券という形で反映され、上手くいけば手柄として報酬をもらうことができる。邪魔をする上司もいなければ、手柄を横取りされることもありません。競馬という世界の中では、自分が主人公なのです。

　競馬場にいけば「そんな馬こねぇよ〜」とか「こいつは絶対来る！　間違いない！」なんて言葉も聞こえてきます。それは競馬という世界において、一人ひとりが主人公だから。会社では声を大にして言えないことも、競馬の世界では許される。終わった後は反省会をして、負けたらコンティニューボタンを押す。週末はまた主人公になり競馬を楽しむのです。

　本書では競馬で勝つための道筋として降格ローテを説明

してきました。いうまでもなく競馬は勝った方が面白いと思います。ですが、忘れないでほしいことは、競馬を最大限楽しんでほしいということです。ガチガチにルールを決めてストイックにプラス収支を目指すのもいいですが、私は最終レースでぶっこむ人も大好きです。もちろん、好きな馬を買うのもよし、好きな騎手を応援するもよし、競馬場の芝生に寝っ転がりながらビールを飲むのもよし、友達と一緒にあーでもない、こーでもないと話し合うのもよしです。人生という長いスパンを考えれば、競馬というゲームを最大限に楽しんだ人こそが勝者だと思っています。

　自分は競馬を通じて多くの人に出会いました。高校で知り合った競馬好きの同級生は、同じく競馬で生活をしています。大学のときに知り合った競馬の友達は、今でもＰＯＧをする仲間です。ＳＮＳで知り合った競馬好きは、私がより一層競馬を学ぶ刺激をくれました。会社に入った際は、

多くの先輩方と競馬のお話をしました。競馬という趣味を持っていたおかげで、多くの友達ができたのです。私がこうして競馬の世界に飛び込んだのは、大好きな競馬に少しでも恩返しがしたいという気持ちからです。

　今、この原稿を書いているときはコロナウイルスによる緊急事態宣言の真っ最中。エンタメの在り方は変化を余儀なくされ、競馬場も入場制限がかかっています。それでも自分は、競馬場で観る競馬が大好きです。いつの日か人類はウイルスにうちかち、また競馬場で競馬を見る日を楽しみに。

　今日も私は、そしてあなたも、主人公です。

2021年7月　とうけいば

とうけいば

予想家としての活動開始後、圧倒的なスピードで進化を続ける気鋭の若手予想家。独自で開発した「カイ指数」をベースに、ラップ、馬場などを駆使して「根拠ある予想」を導き出す。その実力は折り紙付きで、競馬予想GP協賛「第4回Rchannel杯」では12万円の投資で219万4610円回収し予選1位（232人中）を獲得。主宰するオンラインサロン『指数と回顧で楽しむ!! 競馬サロン』は現在200人待ち。

ツイッターアカウント @to_keiba
指数と回顧で楽しむ!! 競馬サロン https://lounge.dmm.com/detail/3389/

降格ローテ
激走の9割は"順当"である

2021年10月8日初版第一刷発行

著 者	とうけいば
発 行 者	雨奥雅晴
装 丁	oo-parts design
写 真	橋本健、村田利之
発 行 所	オーバーパーツ・パブリッシング 〒220-0023　神奈川県横浜市西区平沼1-1-12 ダイアパレス高島町501 電話：045-513-5891　URL：https://oo-parts.jp
発 売 元	サンクチュアリ出版 〒113-0023　東京都文京区向丘2-14-9 電話：03-5834-2507　FAX：03-5834-2508
印 刷・製 本	中央精版印刷株式会社